Ausführliches Verzeichnis der

Guttentag'schen Sammlung

Deutscher Reichs- und Preußischer Gesetze

— Text-Ausgaben mit Anmerkungen; Taschenformat —

welche alle wichtigeren Gesetze in unbedingt zuverlässigen Gesetzestexten und in mustergiltiger Weise erläutert enthält, befindet sich hinter dem Sachregister.

Guttentag'sche Sammlung
Nr. 90. Deutscher Reichsgesetze. Nr. 90.
Text-Ausgaben mit Anmerkungen.

Die Haager Abkommen
über internationales
Privat- und Zivilprozeß-Recht.

Textausgabe
mit Einleitung, Anmerkungen und Sachregister

von

Dr. iur. G. A. E. Bogeng.

Berlin 1908
J. Guttentag, Verlagsbuchhandlung,
G. m. b. H.

Inhalt.

Abkürzungen.

BGB. = Bürgerliches Gesetzbuch für das Deutsche Reich.

Denksch. I = Abkommen zur Regelung einiger Fragen des internationalen Privatrechtes vom 14. November 1897, nebst Zusatzprotokoll vom 22. Mai 1898. Deutsche Übersetzung und erläuternde Denkschrift. (Drucksachen des Reichstags. 9. Legislaturperiode, V. Session 1897/98, Nr. 15.)

Denksch. II = Abkommen über das internationale Privatrecht vom 12. Juni 1902. Deutsche Übersetzung und erläuternde Denkschrift. (Drucksachen des Reichstags. 11. Legislaturperiode, I. Session 1903/04, Nr. 347.)

Denksch. III = Abkommen über das internationale Privatrecht vom 17. Juli 1905. Deutsche Übersetzung und erläuternde Denkschrift. (Drucksachen des Reichstags. 12. Legislaturperiode, I. Session 1907/08, Nr. 891).

EG. = Einführungsgesetz zum BGB.

FrGG. = Reichsgesetz über die Angelegenheiten der freiwilligen Gerichtsbarkeit.

GO. = Gewerbeordnung.

GVG. = Gerichtsverfassungsgesetz.

PerfStG. = Personenstandsgesetz.

ZPO. = Zivilprozeßordnung.

Vorwort.

Aufgabe dieser Sammlung ist es, die bisherigen positiven Ergebnisse der Haager Staatenkonferenzen über internationales Privatrecht in einer bequemen Handausgabe zusammenzustellen. Sollte der Charakter einer Textausgabe gewahrt bleiben, so war zunächst eine Beschränkung der Anmerkungen auf die allernotwendigsten Hinweise geboten; eine von der Erläuterung der Abkommen auf Grund der Materialien ausgehende allgemeine rechtsvergleichende Darstellung ihrer Wirkung auf die nationalen Rechte der einzelnen Vertragsstaaten schon wegen der dabei unvermeidlichen prinzipiellen Erörterung einzelner in Praxis und Theorie noch vielfach streitiger Fragen von vornherein ausgeschlossen. Es schien deshalb berechtigt, in einer für den Handgebrauch deutscher Juristen bestimmten Textausgabe das Verhältnis der Abkommen zu den besonderen Bestimmungen des deutschen Rechtes, insbesondere die durch jene bewirkten Änderungen des bestehenden deutschen internen internationalen Privatrechtes hauptsächlich zu berücksichtigen, wobei sich der Herausgeber bemüht hat, das in den deutschen Denkschriften niedergelegte Material in möglichster Vollständigkeit zu verwerten. Und neben dem angedeuteten Gesichtspunkte darf man es auch schon deshalb für zweckmäßig halten, nur die deutsche Übersetzung des Originaltextes in einer der ersten Orientierung bestimmten Textausgabe zu geben, weil bei einem speziellen Studium der im Rahmen dieser Abkommen entstehenden Probleme ja doch auf die internationale hierhergehörige wissenschaftliche Literatur gebührende Rücksicht genommen werden muß. Selbstverständlich ist es, daß die bisher vereinbarten Abkommen sich durchaus noch nicht zu einem System des internationalen Privatrechtes zusammenfügen, immerhin aber entbehren sie nicht eines inneren Zusammenhangs (vgl. S. 4). Der Herausgeber hielt es deshalb für nötig, auch diejenigen Abkommen (über die Wirkungen der Ehe und über die Entmündigung), deren Ratifikation zurzeit noch nicht erfolgt ist, aber wohl im Laufe des Jahres 1909 erwartet werden darf, ebenfalls aufzunehmen. Ebenso ist das Abkommen über den Zivilprozeß bereits in der zum Ersatze des ersten Abkommens über diese Materie bestimmten veränderten Fassung aufgenommen.

Berlin, im Oktober 1908.

G. A. E. Bogeng.

Einleitung.

1. Hier über Wesen und Grenzen des internationalen Privat- und Zivilprozeßrechtes zu handeln, fehlt Raum und Absicht. Nur daran sei erinnert, daß ein halbes Jahrtausend abendländischer Rechtskulturentwickelung den Gedanken der Förderlichkeit einer gesicherten privatrechtlichen Weltfriedensordnung ausreifen ließ zur Erkenntnis, daß die erstrebte Rechtssicherheit in der Form der Gesetzlichkeit sich nur verwirklichen lasse durch eine auf staatenrechtlicher Grundlage aufgebaute Kodifikation der internationalrechtlichen Kollisionsnormen; daß eine einseitige Lösung der Schwierigkeiten des internationalen Rechtes, wie sie von einzelnen Staaten für den Herrschaftsbereich ihres Rechtes versucht wurde, unzulänglich sei, und daß die Idee einer Rechtsgemeinschaft, die alle Völker eine, allein kein genügender Träger des internationalen Rechts sein könne, daß vielmehr über nationale Grenzen hinaus die Rechtspflicht bestehen müsse, ausländisches Privatrecht immer dann auf ein Rechtsverhältnis anzuwenden, wenn es demselben unterworfen sei. Man hat die Möglichkeit eines

Vertragsrechtes bezweifelt, man hat es, in zivilistischen Irrtümern befangen, verkannt. Daß aber, wenn ein Staat Recht im objektiven Sinne schaffen kann, auch mehrere Staaten dasselbe tun können, darf unbedenklich gefolgert werden. Daß ferner in bestehenden Staatsverträgen (wie, um hier nur die wichtigsten anzuführen, in denen über sog. immaterielle Rechte [Pariser Union, Band 22a dieser Sammlung; Berner Konvention, Band 60 dieser Sammlung] und über den Eisenbahnfrachtverkehr [Band 66 dieser Sammlung]) Sätze des objektiven Rechtes enthalten sind und von den Gerichten befolgt werden, dürfte kaum geleugnet werden können. Und auch die Haager Abkommen über das internationale Privat- und Zivilprozeßrecht schaffen für ihren Geltungsbereich Recht im objektiven Sinne.

II. Auf Anregung der Niederlande (die in Verfolgung eines 1874 ausgearbeiteten und damals erfolglos gebliebenen Konferenzprojektes im August 1893 in einem Memorial ein umfassendes Programm für die Regelung des internationalen Privatrechtes aufstellte) wurden im Haag, zunächst in den Jahren 1893, 1894, 1900 und 1904, Staatenkonferenzen abgehalten, an denen sich fast alle Staaten des kontinentalen Europa beteiligten und deren Reingewinn die Anfänge einer einheitlichen Kodifikation des internationalen Privat- und Zivilprozeßrechtes durch Staatsverträge sind. Es nahmen an der ersten Konferenz dreizehn Staaten teil (das Deutsche Reich, Oesterreich-Ungarn, Belgien, Dänemark, Spanien, Frankreich, Italien, Luxemburg, Niederlande, Portugal, Rumänien, Rußland, Schweiz), denen sich von der zweiten Konferenz an Schweden (Norwegen) anschlossen, während sich an der vierten auch Japan beteiligte. Serbien hatte auf die Einladung überhaupt nicht geantwortet, Griechenland sein Nichterscheinen entschuldigt und Großbritannien seine Abwesenheit mit der besonderen Natur des englischen Rechtes begründet. Auch Amerika war auf den europäischen Konferenzen unvertreten geblieben, obgleich auch hier die Ausgestaltung einheitlicher kollisionsrechtlicher Normen auf staatsvertraglicher Grundlage, wie die ursprünglich süd-, dann panamerikanischen Kongresse beweisen, schon lange als eine rechtskulturelle Notwendigkeit erkannt worden ist.

Die bis jetzt für die internationalrechtliche Praxis der Vertragsstaaten realisierten Ergebnisse dieser vier Konferenzen sind die folgenden:

1. Am 14. November 1896 wurde eine Prozeßkonvention von Belgien, Spanien, Frankreich, Italien, Luxemburg, den Niederlanden, Portugal, der Schweiz unterzeichnet, später von Schweden, Norwegen, denen sich, nachdem noch ein Zusatzprotokoll vom 22. Mai 1897 hinzugekommen war, Oesterreich-Ungarn gleichzeitig mit dem Deutschen Reiche anschlossen, und am 27. April 1899 erfolgte

die Niederlegung der Ratifikationen durch die beteiligten Staaten (RGBl. 1899 S. 285, 295). Da die Uebereinkunft — auf fünf Jahre abgeschlossen — von keiner Seite gekündigt wurde, war sie nach den Schlußbestimmungen auf fünf Jahre erneuert. Sie ist indessen durch eine von der vierten Konferenz vorbereitete Revision ersetzt worden, die am 17. Juli 1905 von Deutschland, Frankreich, Italien, den Niederlanden, Portugal, Rumänien, Schweden, Spanien, Luxemburg, Rußland und nachträglich auch von Norwegen gezeichnet wurde.

2. Die Staatenkonferenzen haben ferner die Grundlagen zu einem „Kodex des internationalen Familienrechtes" (nach dem Ausdrucke Simeon E. Baldwins) gelegt, indem am 12. Juni 1902 alle Konferenzstaaten, mit Ausnahme von Dänemark, Norwegen, Rußland, drei neue Konventionen schlossen über die Eheschließung, die Ehescheidung und über die Vormundschaft Minderjähriger, von denen die beiden ersten (am 31. Juli 1904) in Kraft traten zwischen Deutschland, Belgien, Frankreich, Italien, Luxemburg, den Niederlanden, Portugal, Rumänien, Schweden, der Schweiz, die letztere ebenfalls am selben Tage, nur daß auch noch Spanien die Ratifikationsurkunde hinterlegte. (RGBl. 1904 S. 249, 307; 1905 S. 716; 1907 S. 84.)

3. Neben der Prozeßkonvention in neuer Fassung wurden in verhältnismäßig rascher Fortführung des mühsamen Werkes am 17. Juli 1905

endlich noch zwei Konventionen von Deutschland, Frankreich, Italien, den Niederlanden, Portugal, Rumänien, Schweden gezeichnet, die eine über Wirkungen der Ehe, die andere über die Entmündigung.

4. (Über die Entwürfe einer Reihe weiterer Abkommen wird zurzeit noch von den Konferenzstaaten verhandelt und bei einigen ist bereits eine Einigung in wesentlichen Punkten erreicht worden, so daß auch Konventionen über das Erbrecht, das Konkursrecht, vielleicht auch eine solche über das Wechselrecht in absehbarer Zeit neue Gebiete dem gesicherten Verkehre auf internationalrechtlichem Boden durch ihre Kollisionsregeln erschließen werden.)

5. Fast alle auf den Haager Konferenzen vertretenen Staaten (das kontinentale Europa mit Ausnahme von Dänemark, Norwegen, Schweiz) nehmen an, daß ihre Angehörigen sich auch im Auslande in Ansehung des bürgerlichen Rechtes, insbesondere im Personen-, Familien-, Erbrechte auf die lex patriae berufen können und daß umgekehrt im Herrschaftsbereiche ihrer Rechtsordnungen ein jeder Ausländer dasselbe tun dürfe; das Recht des Heimatsstaates entscheide grundsätzlich über die hier fraglichen Rechtsverhältnisse. Andere Staatengruppen wiederum halten das Recht des Wohnsitzes oder auch das des Aufenthaltsortes für das maßgebende. So ist in den

Vereinigten Staaten von Amerika (auch in Quebec [Dominion of Canada], Argentinien, Montevideo) die lex domicilii, in England die lex territorii der Ausgangspunkt, wobei im englisch-amerikanischen Rechtskreise (aber auch in Frankreich, Oesterreich, Rußland) bei Immobilien die lex rei ritae auch personenrechtliche, obligationenrechtliche, erbrechtliche Verhältnisse regelt. Für den Geltungsbereich der Haager Abkommen (und auch wohl für ihre Fortführung durch andere Familien-, Vormundschafts-, Erb-, vielleicht auch personenrechtliche Konventionen) herrscht die lex patriae, obwohl allerdings das Abkommen über die Ehebegründung, ihre Versöhnung mit der lex domicilii versuchte und das über die Ehescheidung die schwierige Frage durch eine Kumulation der beiden Gesetze zu lösen unternahm.

6. Da die Abkommen im allgemeinen keine Vorschriften über die Bestimmung der Staatsangehörigkeit und des Wohnsitzes enthalten, mögen sie materiell-rechtlich die Anwendung eines von verschiedenen Rechten, mögen sie prozessual die Zuständigkeit der Gerichte feststellen, bleibt auch innerhalb ihres Geltungsbereiches dem nationalen Rechte, bleibt der Wissenschaft eine schwierige Aufgabe gestellt. Grundsätzlich wird das für die Bestimmung der Staatsangehörigkeit einer Person maßgebende Recht dasjenige eben dieses Staates sein (und vom Standpunkte des deutschen Rechtes

wird der Begriff des Inländers [Ausländers] im Zivilrechte als übereinstimmend mit dem im Prozeßrechte bezeichnet werden können); bei mehrfacher Staatsangehörigkeit einer Person wird diese, wofern sie auch die deutsche Staatsangehörigkeit besitzt, von diesem Standpunkte nur als Reichsangehöriger zu betrachten sein; fehlt aber diese Voraussetzung, so ist die Entscheidung der Frage, welches Recht als das des Heimatsstaates anzusehen sei, wenn eine Person mehrerer (Vertrags-) Staaten Angehöriger ist, sehr streitig und eine allgemein anerkannte Regel für ihre Lösung noch nicht gegeben. Auch ein Schwebezustand der Staatsangehörigkeit (wie er z. B. in Frankreich für den im Inlande geborenen Sohn eines Ausländers besteht) kann im Vertragsgebiete zu Zweifeln über das Recht der Staatsangehörigkeit Veranlassung geben. Lassen sich Zweifel über die Tatsache, welchem Staate eine Person angehöre, nicht beseitigen, so ist sie, jedoch mit Rücksicht darauf, ob eine frühere Staatsangehörigkeit für die Bestimmung des anzuwendenden Rechtes festgestellt werden kann oder nicht, als heimatslos zu behandeln. Was unter der lex patriae zu verstehen ist, wenn im Heimatsstaate mehrere Rechte herrschen (z. B. in Rußland, in der Schweiz) und das Heimatsrecht nicht selbst hierüber Bestimmungen trifft, ist bei der verschiedenen Ansicht der Schriftsteller hierüber nicht sicher, wie auch der für die Beurteilung der Staatsangehörigkeit maßgebende Zeitpunkt in vielen Fällen Zweifel veranlassen wird. Welches Recht den Begriff des Wohnsitzes, insbesondere in dem (z. B. in Deutschland möglichen) Falle eines mehrfachen Wohnsitzes, beherrscht, ist weder von der Wissenschaft noch durch die Gesetzgebung der einzelnen Vertragsstaaten mit genügender Klarheit bezeichnet. und nur darin herrscht Übereinstimmung, daß darüber, ob jemand die rechtlichen Fähigkeiten zur Begründung eines Wohnsitzes habe, die lex patriae entscheide. Daß auch der Zeitpunkt, zu welchem jemand einen Wohnsitz haben muß, bei Anwendung der lex domicilii jeweilig von großer Bedeutung sein kann und seine Bestimmung oft nicht leicht sein wird, sei endlich noch hervorgehoben (vgl. die Übersicht bei Levis 16/36).

7. Die Materialien, die für die Auslegung der Haager Staatsverträge über internationales Recht in erster Reihe zu berücksichtigen sind, seien am Ende kurz verzeichnet:

Actes de la Conférence de la Haye chargée de réglementer diverses matières de droit international privé 12—17 sept. 1893 (La Haye 1893) — Actes de la deuxième Conférence . . . 25 juin — 13 juillet 1894 (La Haye 1894) — Actes de la trosième Conférence . . . 29 mai—18 juin 1900 (La Haye 1900); Documents relatifs à la troisième Conférence . . . (La Haye 1900) — Actes de la quatrième Conférence . . . 16 mai—7 juin 1904 (La Haye 1904); Documents relatifs à la quatrième Conférence . . . (La Haye 1904).

Daneben sind, gewissermaßen als subsidiäre Materialien, insbesondere für die Auffassung des Verhältnisses der Abkommen zum nationalen Rechte der einzelnen Vertragsstaaten, die von diesen herausgegebenen parlamentarischen Denkschriften von Bedeutung. Daß in Zweifelsfällen wie für die Erfassung des Sinnes der Abkommen die Actes und Documents, für seinen Wortlaut der französische Urtext maßgebend ist, wurde schon auf der ersten Konferenz grundsätzlich festgestellt, es sei hier aber deshalb besonders betont, weil in der 150. Sitzung des Deutschen Reichstages vom 5. Mai 1908 (anläßlich der Erörterung, ob die deutsche Übersetzung genau der französischen Fassung entspräche) dies für die Anwendung der Abkommen vom Standpunkte des deutschen Rechtes ausdrücklich zur Beseitigung jeden Mißverständnisses mehrfach hervorgehoben worden ist.

I.

(Übersetzung.)

Abkommen zur Regelung des Geltungsbereichs der Gesetze auf dem Gebiete der Eheschließung.

Vom 12. Juni 1902. (RGBl. 1904 S. 221.)

Das Abkommen über die Ehebegründung regelt durch Ausgestaltung gleicher Kollisionsrechtssätze die räumliche Herrschaft der in den einzelnen Vertragsstaaten geltenden Gesetze über die Gültigkeit einer Eheschließung insbesondere für den Fall, daß die Verlobten verschiedenen Vertragsstaaten angehören oder die Ehe nicht in ihrem Heimatstaate schließen, indem es hinsichtlich der materiellen Voraussetzungen einer solchen (als in einer Frage des sogen. Personalstatuts) grundsätzlich die lex patriae, hinsichtlich der formellen aber die Regel locus regit actum für maßgebend erkärt, wenn es auch in einer Reihe von Ausnahmebestimmungen eine Versöhnung der lex patriae-Theorie mit der lex domicilii-Theorie anstrebt. Es sind im Rahmen des Abkommens: a) nach dem in seinem Art. 1 bezeichneten Gesetze (abgesehen von den im Art. 2 bestimmten Ausnahmefällen) ehefähige Ausländer in jedem Vertragsstaate, auch wenn ihnen nach dessen Rechte die Ehefähigkeit mangelt, zur Eheschließung zuzulassen; b) nach dem in seinem Art. 1 bezeichneten Gesetze (abgesehen von den im Art. 3 bestimmten Ausnahmefällen) nicht ehefähige Ausländer in jedem Vertragsstaate, auch wenn ihnen nach dessen Rechte die Ehefähigkeit eignet, zur Eheschließung nicht zuzulassen; c) und ist im ganzen Vertragsgebiete eine Ehe, die von nach dem im Art. 1 bezeichneten Gesetze (abgesehen von den in Art. 2 Abs. 3 Satz 2 bestimmten Ausnahmefällen) bei Eingehung derselben ehefähig gewesenen Personen geschlossen worden ist, als rechtsgültig anzuerkennen. Für die Form des Rechtsaktes der Eheschließung soll die Beobachtung der am Orte der Vornahme derselben geltenden Gesetze genügen, wofern nicht das Abkommen in Ausnahmefällen (Art. 5 Abs. 2, 3; Art. 6, Art. 7) etwas anderes bestimmt. —

Im wesentlichen stimmen diese durch das Abkommen festgestellten Kollisionsnormen mit den Vorschriften des internen deutschen internationalen Privatrechtes (vgl. Art. 11, Art. 13 EG.) überein, nur daß grundsätzlich im allgemeinen der Art. 30 EG. für den Geltungsbereich des Abkommens von diesem außer Anwendung gesetzt wird. (Denkschr. III 31.) Da, soweit das Abkommen nicht gilt, die Vorschriften der Art. 11, 13, 30 EG. unveränderte Geltung behalten, kommen sie auch für die Ergänzung der Lücken des Abkommens in Betracht, wofern solche mangels ausdrücklicher Vorschriften des Abkommens im Zusammenhange des externen mit dem internen deutschen internationalen Privatrechte bestehen oder solche Lücken dadurch bedingt sind, daß der Auslegung des Abkommens als eines Staatsvertrags für den Standpunkt des deutschen Rechtes engere Grenzen gezogen sind, als sie für die Auslegung des nationalen deutschen Rechtes anerkannt werden. Die Vorbehalte der Art. 57, 58 EG. werden durch das Abkommen, das nur Kollisionsnormen für die privatrechtlichen Grundlagen der Ehebegründung aufstellt, nicht berührt.

Für die Frage, nach welchem Rechte die Zulässigkeit der Eheschließung von Ausländern untereinander und mit Reichsangehörigen in Deutschland zu beurteilen ist, stellt Art. 13 Abs. 1 EG. grundsätzlich (Ausnahme Art. 13, Abs. 2 EG., die jedoch im Verhältnis zu den Vorschriften des Abkommens von geringer Bedeutung ist, da die Bestimmungen des Artikels richtiger Ansicht nach nur auf das Verschollenheitsrecht selbst [§§ 1348 ff. BGB.] bezogen wird) in Ansehung der materiellen Erfordernisse die lex patriae eines jeden der beiden Verlobten als maßgebend fest (soweit nicht kraft Rückverweisung das deutsche Recht anzuwenden ist gemäß Art. 27 EG.). In Uebereinstimmung mit dieser Vorschrift erweitert Art. 1 des Abkommens dieselbe gleichzeitig auf alle von Angehörigen eines Vertragsstaates innerhalb des Vertragsgebietes geschlossenen Ehen. Die in Ergänzung des Art. 13 Abs. 1 EG. ausgesprochene allgemeine Regel über die Rückverweisung wird durch Art. 1 Abs. 2 des Abkommens für seinen Geltungsbereich dahin eingeschränkt, daß eine ausdrückliche Rückverweisung erforderlich wird, im übrigen läßt aber das Abkommen auch unter bestimmten Umständen und in gewissem Umfange eine Weiterverweisung als möglich erscheinen, worüber sich eine ausdrückliche Bestimmung im Art. 27 EG. nicht findet. Die Zuständigkeit zur Befreiung von etwaigen Ehehindernissen ergibt sich nach § 1332 Abs. 1 BGB. aus dem Tatbestande der Staatsangehörigkeit, so daß auch (in Ansehung des Art. 13 EG.) für Ausländer wie für die Erfordernisse der Eheschließung, auch für die Befreiung von etwaigen Ehehindernissen die lex patriae entscheidet. Das gleiche gilt im Sinne des Abkommens. Wie bereits hervorgehoben wurde, ist der Art. 30 EG. für den Geltungsbereich des Abkommens im allgemeinen außer Anwendung gesetzt, jedoch dürfte er (mangels ausdrücklicher Vorschriften des internen deutschen internationalen Privatrechtes) für einzelne Fragen dennoch entscheidend bleiben, wie dafür, ob die in den §§ 1310 Abs. 2, 3, 1311 aufgeführten Ehehindernisse auch bei Ausländern, für die sie nach ihrem Heimatsrechte (oder auch im Falle einer Weiterverweisung) nicht bestehen, bei einer Eheschließung in Deutschland gemäß Art. 2 des Abkommens ein Verbot der Ehe begründen und ferner für die Entscheidung darüber, ob gemäß Art. 3 des Abkommens Ehehindernisse ausschließlich religiöser Natur die Versagung der Anerkennung einer solchen Eheschließung vom Standpunkte des deutschen Rechtes begründen, wofern beide Ehegatten Ausländer sind. Indessen wird, soweit es sich hier um die Gültigkeit einer im Auslande geschlossenen Ehe handelt und ein Ehegatte Deutscher ist, da dann gemäß Art. 3 Abs. 2 des Abkommens die deutschen Kollisionsnormen entscheiden, diese nach Art. 13 Abs. 1 EG. als ungültig zu behandeln sein. (Vgl. Denkschr. III 84.) Die (nach deutschem Rechte, dem die ohne weiteres auf Grund materieller Mängel eintretende Nichtigkeit einer Ehe unbekannt ist, auf Nichtigkeits- oder Anfechtungsklage erfolgende) Nichtigkeitserklärung eines ausländischen Gerichtes (vgl. Abkommen über die Ehescheidung Art. 1 Anm. 1) gilt im Sinne des § 1309 BGB. der eines deutschen Gerichtes gleich, wenn sie nach § 328 ZPO. (vgl. dazu Art. 7 Anm. 5 des zit. Abkommens) anzuerkennen ist, und es bedarf also nicht eines Vollstreckungsurteils. Für die Wiederverheiratung im Falle der Todeserklärung, wenn diese nach den deutschen maßgebenden Rechtssätzen erfolgte, wird für den Geltungsbereich des deutschen Rechtes im Rahmen des Abkommens die Zulässigkeit bejaht werden dürfen, ohne Rücksicht darauf, ob der für tot Erklärte Inländer oder Ausländer war. Ob auch eine durch ausländische Gerichte erfolgte Todeserklärung im Sinne des § 1348 Abs. 1 BGB. als solche, d. h. also mit der Wirkung anzuerkennen ist, daß der zurückgebliebene Ehegatte deutscher Staatsangehörigkeit zur Eingehung einer neuen Ehe zuzulassen ist, wird von den Schriftstellern mit Rücksicht auf den maßgebenden Art. 9 EG. bestritten. Soweit ein in nichtiger Ehe Verheirateter eine neue Ehe in Deutschland eingehen will, wäre der Standesbeamte in Ansehung des § 1309 BGB. nach Art. 30 EG. berechtigt, die nach ausländischem Rechte ungültige Ehe bis zur Nichtigkeitserklärung als gültige zu behandeln, obgleich es nach dem ausländischen Rechte einer solchen Erklärung nicht bedarf, bis durch richterliches Urteil die Unwirksamkeit der früheren Ehe festgestellt ist; es dürfte jedoch der durch Art. 4 des Abkommens erforderte Nachweis jeweilig die vom Deutschen Reich erforderte Nichtigkeitserklärung ersetzen (vgl. auch Anm. 2 zu Art. 2; Art. 7 des Abkommens über die Ehescheidung). (Über die durch Art. 4 des Abkommens für seinen Geltungsbereich erfolgte Einschränkung der Vorschrift des § 1315 Abs. 2 BGB. vgl. Anm 2 zu diesem Art.)

Für die Frage, nach welchem Rechte die Form der Eheschließung von Ausländern untereinander und mit Reichsangehörigen zu beurteilen ist, wenn die Ehe in Deutschland eingegangen wird, stellt Art. 13 Abs. 3 die Regel locus regit actum auf. Diese Vorschrift wird auch durch das Abkommen (Art. 5 des Abkommens in Übereinstimmung mit Art. 11 Abs. 1 Satz 2 EG.) aufrechterhalten im Sinne der ausschließlichen Bedeutung der Regel des Art. 13 Abs. 3 EG., so daß die Beobachtung der Gesetze des deutschen Eheschließungsortes in Ansehung der Form der Eheschließung (§§ 1317 ff. BGB.) nicht nur nicht ausreichend, sondern unbedingt erforderlich ist. Der örtliche Geltungsbereich der Eheschließungsform des BGB. wird damit durch das Abkommen aufrechterhalten für alle Eheschließungen innerhalb des deutschen Reichsgebietes, ohne Unterschied, ob die Ehe von Ausländern untereinander oder mit einem Deutschen eingegangen wird, ohne Rücksicht darauf, ob die lex patriae des Ausländers die nach deutschem Rechte eingegangene Ehe des Ausländers als gültig anerkennt oder nicht, zumal da das Ehehindernis der vormaligen Ehe und die Ehehindernisse religiöser Natur im Sinne Art. 2 Abs. 3 des Abkommens dem deutschen Rechte unbekannt sind und das Deutsche Reich, sofern es nicht durch einen besonderen Staatsvertrag dazu verpflichtet ist, diplomatische Eheschließungen in seinem Gebiete nicht zu dulden braucht. (Art. 6 Abs. 1 Satz 1 des

Abkommens; vgl. hinsichtlich der Eheschließung italienischer Staatsangehöriger den Zusatzvertrag zum Konsularvertrag zwischen dem Deutschen Reiche und Italien vom 4. Mai 1891 [RGBl. 113]). Indessen können die übrigen Vertragsstaaten eine in Deutschland unter den Voraussetzungen des Art. 7 des Abkommens erfolgte kirchliche oder diplomatische Eheschließung nach dem zit. Artikel als gültig anerkennen. Und wie für die Form der Eheschließung im Sinne des Abkommens (Art. 5 Abs. 1) zunächst das Recht des Ortes, wo sie vorgenommen wird, entscheidet, so ist auch ferner diejenige im Auslande geschlossene Ehe in seinem Sinne als gültig zu betrachten, bei welcher die Formvorschriften der lex patriae beider Verlobten erfüllt worden sind (Art. 7 des Abkommens in Einklang mit Art. 11 Abs. 1 Satz 1; [Art. 13] EG.). Es genügt aber nicht die Gültigkeit der Ehe nach dem Rechte, auf welches das Heimatrecht weiter verweist, damit sie in Deutschland anerkannt werden kann (Art. 7 des Abkommens, Art. 13, 27 EG., da die Weiterverweisung zwar grundsätzlich im Sinne des Abkommens nach Art. 1 möglich wäre, nach Art. 7 des Abkommens aber der Standpunkt des deutschen Rechtes gewahrt bleibt). Eine von Deutschen im Vertragsgebiete außerhalb Deutschlands geschlossene Ehe ist in Ansehung der Form also als gültige zu betrachten, wenn die Eheschließungsform des Ortes der Eheschließung oder die deutsche Eheschließungsform befolgt worden ist, und es könnte von Deutschland auch eine durch seinen diplomatischen oder konsularischen Vertreter unter den Voraussetzungen des Art. 7 des Abkommens geschlossene Ehe als gültig behandelt werden. Art. 5 Abs. 3 des Abkommens sichert den Vertragsstaaten die Möglichkeit, für ihre Angehörigen (vgl. Anm. 4 zu diesem Art.) auch bei einer im Auslande einzugehenden Ehe die Förmlichkeit des vorhergehenden Aufgebotes anzuordnen. Für die im Vertragsgebiete außerhalb Deutschlands die Ehe eingehenden Reichsangehörigen bleibt dieser

Vorbehalt ohne Bedeutung, da für sie die Beachtung der Vorschriften des § 1316 BGB., §§ 46—51 PerstG. nach Art. 11 Abs. 1 EG. nicht erforderlich wird. Eine im Gebiete des Deutschen Reiches geschlossene Ehe ist, soweit nicht die nach deutschem Rechte unbedingt notwendige Form gewahrt worden ist (vgl. §§ 1324, 1893 BGB.), auch in Ansehung des Abkommens für den Herrschaftsbereich des deutschen Rechtes ohne weiteres nichtig, soweit nicht ein besonderer Staatsvertrag etwas anderes bestimmt. (Insbesondere in Hinsicht auf Art. 6 Abs. 1 Satz 2 des Abkommens.) —

Seine Majestät der Deutsche Kaiser, König von Preußen, im Namen des Deutschen Reichs, Seine Majestät der Kaiser von Oesterreich, König von Böhmen usw. und Apostolischer König von Ungarn, Seine Majestät der König der Belgier, Seine Majestät der König von Spanien, der Präsident der Französischen Republik, Seine Majestät der König von Italien, Seine Königliche Hoheit der Großherzog von Luxemburg, Herzog zu Nassau, Ihre Majestät die Königin der Niederlande, Seine Majestät der König von Portugal und Algarvien usw., Seine Majestät der König von Rumänien, Seine Majestät der König von Schweden und Norwegen, im Namen Schwedens, und der Schweizerische Bundesrat:

von dem Wunsche geleitet, gemeinsame Bestimmungen zur Regelung des Geltungsbereichs der Gesetze in Ansehung der Erfordernisse für die Gültigkeit der Eheschließung zu treffen, sind übereingekommen, zu diesem Zwecke ein Abkommen zu schließen und haben zu Ihren Bevollmächtigten ernannt:

(Namen)

Artikel 1.

Das Recht zur Eingehung der Ehe bestimmt sich in Ansehung eines jeden[1]) der Verlobten[2]) nach dem Gesetze des Staates, dem er angehört (Gesetz des Heimatstaats)[3]), soweit nicht eine Vorschrift dieses Gesetzes ausdrücklich[4]) auf ein anderes Gesetz verweist[5])[6]).

1. Sowohl für seine Person als auch für seine Beziehungen zu dem anderen Verlobten.

2. Vgl. Art. 8 Anm. 2.

3. Bei einer Ehebegründung im Geltungsbereiche des Abkommens ist grundsätzliche Bedingung für die Gültigkeit der Ehe, daß die Vorschriften der lex patriae beider Verlobten befolgt worden sind, soweit sie die materiellen Voraussetzungen einer Eheschließung ordnen. (Vgl. Art. 5 Anm. 1.) Sind die Verlobten Angehörige verschiedener Vertragsstaaten, so ist die lex patriae eines jeden von ihnen für die Beurteilung seiner Ehefähigkeit maßgebend. Wie für die materiellen Erfordernisse der Eheschließung überhaupt ist die lex patriae beider Verlobten insbesondere auch grundsätzlich maßgebend für die Befreiung von materiellen Ehehindernissen. Sofern durch ihre Beseitigung die Gültigkeit der Ehe bedingt wird, ist darum eine solche Befreiung von den in die Ehe eintretenden ausländischen Verlobten bei den hierfür zuständigen Behörden ihres Heimatstaates zu bewirken (vgl. dazu Art. 2, 8.), da im Sinne des Abkommens, wofern nach beiden Rechten Hindernisse für die Wirksamkeit vorhanden

und das eine Hindernis stärker als das andere wirkt, das stärkere nicht das allein ausschlaggebende ist.

4. Die Verweisung muß in dem Halbsatz 2 bezeichneten Gesetze besonders ausgesprochen sein (wobei allerdings diesem Gesetze eine Bestimmung darüber überlassen bleibt, „ob die Anwendung des Gesetzes, auf welches verwiesen wird, ausschließlich maßgebend sein soll oder ob von den in Betracht kommenden Gesetzen dasjenige zu berücksichtigen ist, welches für das Recht der Verlobten zur Eingehung der Ehe das günstigere ist", Denkschr. II 31).

5. Für die der lex domicilii huldigenden Vertragsstaaten (vgl. hier insbesondere Art. 25 des schweizerischen Bundesgesetzes über Zivilstand und Ehe) wird die grundsätzliche Anerkennung der lex patriae als das für die materiellen Voraussetzungen einer Eheschließung im Geltungsbereiche des Abkommens maßgebende Gesetz insofern eingeschränkt, als für diese Voraussetzungen ihnen die Möglichkeit einer Rückverweisung im gewissen Umfange (beziehungsweise Weiterverweisung) durch ausdrückliche Bestimmung des Abkommens gewährleistet wird, so daß an die Stelle der lex patriae auf Grund einer in dieser enthaltenen ausdrücklichen Verweisung ein anderes Gesetz treten kann. Z. B. könnte das im Art. 1 bezeichnete Gesetz eines Vertragsstaates ausdrücklich anordnen, daß für die Beurteilung der Ehefähigkeit seiner Angehörigen das am Eheschließungsorte geltende Gesetz maßgebend sein soll (oder auch, daß sich hinsichtlich beider Verlobten diese Fähigkeit nach der lex patriae des Mannes bestimme). Es könnte auch, da auf die lex domicilii bei Eheschließungen im Sinne des Art. 1 insoweit verwiesen werden darf, als der Wohnsitz in einem Vertragsstaate liegt (Art. 8), innerhalb der so bestimmten Grenzen eine Weiterverweisung stattfinden. (Z. B.: der Verlobte X, Angehöriger des Vertragsstaates A, hat seinen Wohnsitz im Vertragsstaate B und will im Vertragsstaate C die Ehe schließen. Die lex patriae des X verweist aus-

drücklich auf die lex domicilii, so daß dann im Sinne des Abkommens das Recht des Vertragsstaates B, nicht aber das des Vertragsstaates A für die Beurteilung der Ehefähigkeit des X maßgebend ist. Und wenn die lex domicilii ausdrücklich auf das Recht des Eheschließungsortes verweist, so entscheidet das Recht des Vertragsstaates C.) Eine Verweisung auf andere als die in den Vertragsstaaten selbst geltenden Gesetze zu berücksichtigen, verpflichtet das Abkommen die Vertragsstaaten nicht.

6. Die Gültigkeit einer unter Verletzung der durch Art. 1 gegebenen Kollisionsnorm geschlossenen Ehe wird mangels einer ausdrücklichen Bestimmung des Abkommens im allgemeinen nach dem in diesem Artikel bezeichneten Gesetze zu beurteilen sein (vgl. auch Denkschr. II 32) (jedoch können die anderen Vertragsstaaten einer in einem Vertragsstaate unter den im Art. 3 Abs. 1 genannten Umständen vorgenommenen Eheschließung ihre Anerkennung versagen [Art. 3 Abs. 2]).

Artikel 2.

Das Gesetz des Ortes der Eheschließung kann[1]) die Ehe von Ausländern untersagen[2]), wenn sie verstoßen würde gegen seine Vorschriften über[3])

1. die Grade der Verwandtschaft und Schwägerschaft, für die ein absolutes Eheverbot besteht[4]);
2. das absolute Verbot der Eheschließung zwischen den des Ehebruchs Schuldigen, wenn auf Grund dieses Ehebruchs die Ehe eines von ihnen aufgelöst worden ist[5]);
3. das absolute Verbot der Eheschließung zwischen Personen, die wegen gemeinsamer Nachstellung nach dem Leben des Ehegatten eines von ihnen verurteilt worden sind[6]).

Ist die Ehe ungeachtet eines der vorstehend aufgeführten Verbote geschlossen, so kann sie nicht als nichtig behandelt werden, falls sie nach dem im Artikel 1 bezeichneten Gesetze gültig ist[6])[7]).

Unbeschadet der Bestimmungen des Artikel 6 Abs. 1 dieses Abkommens[8]) ist kein Vertragsstaat verpflichtet, eine Ehe schließen zu lassen, die mit Rücksicht auf eine vormalige Ehe[9]) oder auf ein Hindernis religiöser Natur[10]) gegen seine Gesetze verstoßen würde. Die Verletzung eines derartigen Ehehindernisses kann jedoch die Nichtigkeit der Ehe in einem anderen Lande als in dem, wo die Ehe geschlossen wurde, nicht zur Folge haben[11])[12]).

1. „peut": der Artikel soll lediglich den Vertragsstaaten eine Befugnis sichern, aber nicht sie verpflichten.

2. Also auch, wenn sie im Sinne des Art. 1 ehefähig sind.

3. Es werden bürgerlich-rechtliche (Abs. 1 Nr. 1—3) und kirchenrechtliche (Abs. 3) Eheverbote unterschieden. Die durch die ersteren bezeichneten Ehehindernisse müssen absolute sein, d. h. das Gesetz des Ortes der Eheschließung darf eine Befreiung von ihnen nicht gewähren. Soweit das Eherecht der Vertragsstaaten im Ausflusse moderner abendländischer Rechtskulturanschauungen übereinstimmend geregelt ist, wie z. B. in der gesetzlichen Feststellung der monogamischen Seite der Ehe, dem Verbote der Doppelehe, sind besondere Kollisionsnormen darüber nicht notwendig.

4. Einschränkungen der Freiheit der Eheschließung mit Rücksicht auf die Blutsverwandtschaft und Schwägerschaft (deren Begriff sich im Falle des Abs. 1 Nr. 1 nach dem Rechte des Eheschließungsortes bestimmt) sind in den

Vertragsstaaten nicht übereinstimmend geregelt (wie sich z. B. nicht in allen dem Geltungsbereich des Abkommens einbezogenen Gesetzgebungen, die im § 1310 Abs. 2, 3 [mit § 1327] BGB. bezeichneten Ehehindernisse der Geschlechtsgemeinschaft, das im § 1311 BGB. bezeichnete Ehehindernis der Adoptivverwandtschaft finden. Mangels einer besonderen Bestimmung des Abkommens wäre also für Eheschließungen von Ausländern in Deutschland, soweit für solche Abs. 1 Nr. 1 in Betracht kommt, nach E Art. 30 zu prüfen, ob die Anwendung des ausländischen Rechtes gegen die guten Sitten oder gegen den Zweck eines deutschen Gesetzes verstoßen würde. Vgl. Denkschr. II S. 33. Siehe S. 12).

5. Nach deutschem Rechte (§§ 1312, 1328 BGB.) besteht beim Ehehindernisse des Ehebruches ein absolutes Eheverbot nicht.

6. Dem deutschen Rechte ist dieses Ehehindernis unbekannt.

7. Insoweit die Gesetzgebung eines Vertragsstaates absolute Eheverbote der Abs. 1 Nr. 1—3 bezeichneten Art ausspricht, können dessen Behörden, befreit von der im Art. 1 enthaltenen vertraglichen Verpflichtung, nach dem maßgebenden internen Rechte ihre Mitwirkung an einer im Staatsgebiete so verbotenen Eheschließung nach ihrem freien Ermessen gestalten, und es kann insbesondere auch eine diesen Verboten widersprechende sogen. diplomatische Eheschließung (vgl. Art. 6) untersagt werden. Haben sie aber unter Nichtbeachtung der bestehenden Eheverbote eine (nach der lex loci celebrationis also ungültige) Ehe geschlossen, so ist sie von allen Vertragsstaaten, insbesondere auch vom Eheschließungsstaate selbst, als rechtsgültige anzuerkennen, wofern sie nach der lex patriae beider Verlobter gültig ist.

8. Vgl. Anm. 4 zu diesem Artikel.

9. Mit Rücksicht auf die Gesetzgebung derjenigen Staaten, die auf Grund der bürgerlich-rechtlichen Geltung

des kirchlichen Ehescheidungsrechtes wegen des katholischen Dogmas von der Unauflöslichkeit des Ehesakramentes eine Auflösung der Ehe durch Scheidung entweder allgemein oder doch bei Katholiken nicht anerkennen. Unter vormaliger Ehe ist nicht der Tatbestand der Doppelehe verstanden. (Vgl. Denkschr. II 33; Anm. 2; Art. 3 Anm. 2.)

10. „Namentlich in katholischen Ländern vorkommende Hindernisse der geistlichen Weihen, der Ordensgelübde und der Religionsverschiedenheit". Aber auch ein Verbot der Ehe zwischen Christen und Juden könnte solchen Gründen entspringen.

11. Insbesondere kann kein Vertragsstaat eine den für sein Gebiet nach Abs. 3 geltenden kirchenrechtlichen Eheverboten widersprechende diplomatische Eheschließung untersagen, obwohl er die Ehe für sein Gebiet als gültige nicht anzuerkennen braucht.

12. Dem deutschen Rechte sind die kirchenrechtlichen Ehehindernisse unbekannt.

Artikel 3.

Das Gesetz des Ortes der Eheschließung kann[1]) ungeachtet der Verbote des im Artikel 1 bezeichneten Gesetzes die Ehe von Ausländern[2]) gestatten, wenn diese Verbote ausschließlich auf Gründen religiöser Natur[3]) beruhen.

Die anderen Staaten sind berechtigt, einer unter solchen Umständen geschlossenen Ehe die Anerkennung als einer gültigen Ehe zu versagen[4]).

1. Vgl. Anm. 1 zu Art. 2.

2. Also auch wenn sie im Sinne des Art. 1 nicht ehefähig sind.

3. Da (Art. 2 Abs. 3) die ‚vormalige Ehe‘ ausdrücklich von den ‚Gründen religiöser Natur‘ unterschieden wird, ist sie kein Grund religiöser Natur im Sinne des Art. 3.

4. Als ungültig wird eine unter solchen Umständen geschlossene Ehe im Regelfalle von dem Vertragsstaate, der sie seinem nationalen Rechte nach verboten hatte, behandelt werden. Die anderen Vertragsstaaten (mit Ausnahme des Staates der lex loci celebrationis) können ihr die Anerkennung versagen.

Artikel 4.

Die Ausländer müssen zum Zwecke ihrer Eheschließung nachweisen, daß sie den Bedingungen genügen, die nach dem im Artikel 1 bezeichneten Gesetz erforderlich sind.

Dieser Nachweis kann durch ein Zeugnis der diplomatischen oder konsularischen Vertreter des Staates, dem die Verlobten angehören, oder durch irgendein anderes Beweismittel geführt werden, je nachdem die Staatsverträge oder die Behörden des Landes, in welchem die Ehe geschlossen wird, den Nachweis als genügend anerkennen[1])[2]).

1. Jeder Vertragsstaat ist berechtigt, von den ausländischen Verlobten den Nachweis ihrer Ehefähigkeit im Sinne des Art. 1 verlangen (Abs. 1) und kann mangels besonderer Abmachungen mit anderen Vertragsstaaten durch seine Gesetzgebung feststellen, welche öffentlichen Urkunden (nach Abs. 2) ihm als Beweismittel genügen, oder daß und unter welchen Voraussetzungen er auf ein solches Beweismittel verzichte.

2. Die Vertragsstaaten sind lediglich berechtigt, einen Nachweis darüber zu verlangen, daß die Verlobten den

materiellen Voraussetzungen ihrer Ehefähigkeit nach dem im Art. 1 bezeichneten Gesetze genügen, und nur soweit ein Zeugnis dem Nachweise der Gültigkeit der Eheschließung in dieser Hinsicht nach dem ausländischen Rechte dient, ist das auf Grund des § 1315 Abs. 2 BGB. geltende deutsche Landesrecht aufrechterhalten, so daß für den Geltungsbereich des Abkommens die Eheschließung der Ausländer und Ausländerinnen nicht noch durch das Erfordernis anderer Zeugnisse (wie z. B. darüber, daß Ausländer nach ihrer lex patriae ihre Staatsangehörigkeit durch die Eheschließung nicht verlieren, sondern auf ihre Ehefrau und ihre Kinder übertragen; z. B. erwirbt übrigens die Ehefrau in allen Vertragsstaaten die Staatsangehörigkeit ihres Mannes) oder einer besonderen Erlaubnis landesrechtlich bedingt werden darf. Ein Nachweis der Ehefähigkeit im Sinne des Art. 1 wird durch ausdrückliche (zumeist in den AG. zum BGB. enthaltene) Rechtsnorm der meisten deutschen Einzelstaaten erfordert. (Zu vergleichen die Übersicht des hier geltenden Landesrechtes bei Sartorius, Personenstandsgesetz 1902, Hinschius-Personenstandsgesetz. 4. Auflage 1909.)

Artikel 5.

In Ansehung der Form ist die Ehe überall als gültig anzuerkennen, wenn die Eheschließung dem Gesetze des Landes, in welchem sie erfolgt ist, entspricht[1]).

Doch brauchen die Länder, deren Gesetzgebung eine religiöse Trauung[2]) vorschreibt, die von ihren Angehörigen unter Nichtbeachtung dieser Vorschrift im Ausland eingegangenen Ehen nicht als gültig anzuerkennen[3]).

Die Vorschriften des Gesetzes des Heimatstaats über das Aufgebot müssen beachtet werden[4]); doch

kann das Unterlassen dieses Aufgebots die Nichtigkeit der Ehe nur in dem Lande zur Folge haben, dessen Gesetz übertreten worden ist[5]).

Eine beglaubigte Abschrift der Eheschließungsurkunde ist den Behörden des Heimatlandes eines jeden der Ehegatten zu übersenden.

1. Bei einer Ehebegründung (sowohl zwischen Ausländern wie zwischen einem Ausländer und einem Inländer) im Geltungsbereiche des Abkommens ist grundsätzliche Bedingung für die Gültigkeit der Ehe, daß für die Form der Eheschließung die Regel locus regit actum befolgt worden ist. (Vgl. Art. 1 Anm. 1.) Es genügt hier also die Beobachtung der am Orte der Vornahme geltenden Gesetze, insoweit nicht in diesen selbst Ausnahmen von der Regel bezeichnet sind (Art. 5 Abs. 2, 3, Art. 6, Art. 7) — nicht im Geltungsbereiche des Abkommens liegt der besondere Fall der Eheschließungen Exterritorialer untereinander und ein Vertragsstaat kann insbesondere nicht einer diplomatischen Ehe derselben widersprechen. (Namentlich in Hinsicht auf Eheschließungen österreichischer Staatsangehöriger in deutschen Grenzpfarreien ist § 75 Abs. 1 des Gesetzes über die Beurkundung des Personenstandes und die Eheschließung in der vom 1. Januar 1900 geltenden Fassung mit Rücksicht auf die durch § 1320 Abs. 3 BGB. erfolgte Einschränkung seines Geltungsbereiches zu beachten).

2. Ausschließlich kirchliche Trauung mit rechtlicher Wirkung, im Gegensatze zum Prinzip der obligatorischen Zivilehe (insbesondere im Hinblick auf Rußland, das dann allerdings dem Abkommen nicht beigetreten ist).

3. Während eine solche Ehe in dem Eheschließungsstaate und den übrigen Vertragsstaaten als gültig anerkannt werden muß.

4. An sich würde das Erfordernis des Aufgebotes

(nach herrschender Ansicht) als ein Bestandteil der Form der Eheschließung der Regel locus regit actum unterworfen sein. Soweit aber ein Vertragsstaat für seine im Auslande die Ehe schließenden Angehörigen ein heimatliches Aufgebotsverfahren anordnet, verpflichtet Abs. 3 die Verlobten zur Beobachtung der fraglichen Vorschriften ihres Heimatstaats, da dieser sonst die Ehe auf seinem Gebiet als nichtig behandeln kann. Jedoch wird eine vertragsmäßige Verpflichtung des Eheschließungsstaates durch Abs. 3 nicht begründet. (Vgl. auch Denkschr. II, 585.)

5. Abs. 2, 3 kommen für Eheschließungen Deutscher im Auslande nicht in Betracht, da das deutsche Recht weder eine obligatorische kirchliche Trauung kennt, noch für solche Ehen ein Aufgebot, das zudem im Sinne dieses Rechtes (§ 1316 BGB. „soll") nicht den Charakter einer wesentlichen Formvorschrift hat, vorschreibt. (Vgl. S. 15f.) (Die Vorschrift über die Bekanntmachung des Aufgebotes nach § 47 (in Ergänzung des § 46) des PerſtG. fällt selbstverständlich nicht unter Abs. 3 des Abkommens.)

Artikel 6.

In Ansehung der Form ist die Ehe überall als gültig anzuerkennen[1]), wenn sie vor einem diplomatischen oder konsularischen Vertreter gemäß seiner Gesetzgebung[2]) geschlossen wird, vorausgesetzt daß keiner der Verlobten dem Staate, wo die Ehe geschlossen wird, angehört und dieser Staat der Eheschließung nicht widerspricht. Ein solcher Widerspruch[3]) kann nicht erhoben werden, wenn es sich um eine Ehe handelt, die mit Rücksicht auf eine vormalige Ehe oder ein Hindernis religiöser Natur gegen seine Gesetze verstoßen würde.

Der Vorbehalt des Artikel 5 Abs. 2 findet auf die diplomatischen oder konsularischen Eheschließungen Anwendung[4]).

1. Mit Rücksicht darauf, daß nach allgemeinen staatsrechtlichen Grundsätzen ein jeder Staat auf Grund eines Staatsvertrages einem diplomatischen oder konsularischen Vertreter die Befugnis erteilen kann, als Zivilstandsbeamter im Lande seines Amtssitzes für Eheschließungen seiner Angehörigen zu fungieren, wird für den Geltungsbereich des Abkommens unter den Abs. 1 bezeichneten drei Voraussetzungen die Form der sg. diplomatischen Eheschließung mit von den Vertragsstaaten allgemein anzuerkennender Gültigkeit der Ehe diesen gewährleistet.

2. Der diplomatische (konsularische) Vertreter muß nach den Gesetzen seines Staates zur Eheschließung ermächtigt sein und diese im Umfange seiner Befugnisse und gemäß seinem heimatlichen Rechte vollziehen. Wird eine sg. diplomatische Ehe zwischen Angehörigen verschiedener Vertragsstaaten (die aber beide nicht dem Staate angehören, wo die Eheschließung stattfindet) eingegangen, so sind auch bei dieser Form der Ehebegründung die für ihre materiellen Voraussetzungen maßgebenden Kollisionsnormen (Art. 1 des Abkommens) zu beachten, sowie auch die Art. 2 Abs. 1 Nr. 1—3 bezeichneten absoluten Eheverbote, sofern solche nach dem Rechte des Staates, wo die Eheschließung stattfindet, bestehen, zu berücksichtigen. (Allerdings ist nach Art. 2 Abs. 2 die Nichtbeachtung dieser Verbote auf die Gültigkeit der Ehe ohne Einfluß, es könnte hier aber leicht die nach allgemeinen staatenrechtlichen Grundsätzen zu entscheidende Frage gegeben sein, ob eine Verletzung des Abkommens durch den Staat, dessen diplomatischer oder konsularischer Vertreter die Ehe vollzogen hat, vorliege.)

3. Eine entsprechende Erklärung des betreffenden

Staates genügt, und es ist nicht notwendig, daß der Widerspruch aus seiner Gesetzgebung hervorgehe.

4. Eine diplomatische Ehe, die den Voraussetzungen des Abs. 1 entspricht, braucht trotzdem in Hinsicht auf ihre Angehörigen auch für ihr Gebiet von denjenigen Vertragsstaaten nicht anerkannt zu werden, die als Voraussetzung der Ehebegründung eine kirchliche Trauung erfordern, wofern diese nicht erfolgt ist. Andrerseits ist eine diplomatische Ehe, die den Voraussetzungen des Abs. 1 nicht entspricht und darum in allen Vertragsstaaten, insbesondere auch in demjenigen, dessen Vertreter den Eheabschluß bewirkte, nichtig ist, für den Fall, daß sich der Widerspruch des Staates, wo die Eheschließung stattfand, lediglich gegen die Formvorschriften richtete, diese aber denen des Heimatstaats jedes der beiden Verlobten entsprachen, nur bedingt nichtig, da sie sowohl von dem Vertragsstaate, dessen Vertreter sie im Widerspruche mit dem formellen Ortsrechte abgeschlossen hat, wie von den anderen Vertragsstaaten anerkannt werden kann (Art. 7).

5. Für die Eheschließung deutscher Reichsangehöriger (eine diplomatische Ehe zwischen deutschen Schutzgenossen [vgl. PersstG. § 85 Abs. 2] in den Vertragsstaaten fällt nach Art. 8 Abs. 1 des Abkommens nicht in seinen Geltungsbereich) bleibt, soweit das deutsche Recht in Frage kommt, das Gesetz betreffend die Eheschließung und die Beurkundung des Personenstandes von Reichsangehörigen im Auslande vom 4. Mai 1870 (BGBl. S. 599, RGBl. 1896 S. 614) maßgebend. Danach ist eine von einem hierzu ermächtigten deutschen Gesandten oder Konsul zwischen Deutschen oder zwischen Deutschen und Ausländern geschlossene Ehe als gültig anzuerkennen, ohne Rücksicht auf die Gesetze des Eheschließungsortes und die lex patriae des ausländischen Verlobten (§§ 1, 10 des zit. G.), was in erster Hinsicht grundsätzlich auch für den Geltungsbereich des Abkommens gilt, sofern die

Voraussetzungen des Art. 6 Satz 1 Halbsatz 2 erfüllt sind. Widerspricht aber der Gebietsstaat einer solchen Eheschließung, so ist dennoch in Deutschland die Ehe als gültig anzuerkennen, wenn beide Verlobte Deutsche waren oder die lex patriae des nichtdeutschen Verlobten die Ehe gleichfalls als rechtsgültig ansieht, und kann von jedem anderen Vertragsstaate ebenfalls anerkannt werden (Art. 7 des Abkommens). Dagegen wäre (in Abänderung des § 10 des zit. Gesetzes durch das Abkommen) die Ehe im ganzen Vertragsgebiete, also auch in Deutschland, als nichtig zu behandeln, wenn sie weder dem Rechte des Staates, wo die Ehe geschlossen wurde, noch der lex patriae des ausländischen Verlobten entspräche. (Vgl. Denkschr. II S. 86 f.)

Artikel 7.

Eine Ehe, die in dem Lande, in welchem sie geschlossen wurde, in Ansehung der Form nichtig ist, kann gleichwohl in den anderen Ländern als gültig anerkannt werden, wenn die durch das Gesetz des Heimatstaats eines jeden der Verlobten vorgeschriebene Form beobachtet worden ist.

1. Hauptfall: Die lex patriae der beiden Verlobten ordnet die kirchliche Trauung an, während in dem Vertragsstaate, wo diese erfolgte, die Zivilehe obligatorisch ist. Vgl. auch Art. 6 Anm. 4.

Artikel 8.

Dieses Abkommen findet nur auf solche Ehen Anwendung, welche im Gebiete der Vertragsstaaten[1]) zwischen Personen geschlossen sind, von denen mindestens eine Angehöriger eines dieser Staaten ist[2]).

Kein Staat verpflichtet sich durch dieses Abkommen zur Anwendung eines Gesetzes, welches nicht dasjenige eines Vertragsstaats ist[3]).

Umgrenzung des räumlichen Herrschaftsgebietes der durch das Abkommen zwischen den Vertragsstaaten vereinbarten Kollisionsnormen:

1. In Ansehung des Ortes der Eheschließung auf das (nach Art. 9: europäische) Gebiet der Vertragsstaaten. (Die zwar im Gebiete eines der Vertragsstaaten, aber von dem diplomatischen oder konsularischen Vertreter eines Nichtvertragsstaates zwischen Verlobten, von denen einer Angehöriger eines Vertragsstaates ist, geschlossene Ehe fällt nach Abs. 2 in Verbindung mit Art. 6 Abs. 1 nicht unter das Abkommen.)

2. In Ansehung der Personen, welche die Ehe schließen. Ist nur ein Verlobter Angehöriger eines Vertragsstaates, so gelten die Bestimmungen des Abkommens insofern auch für den anderen, als für die materiellen und formellen Voraussetzungen der Eheschließung das Recht des Vertragsstaates entweder ohne weiteres oder auf Grund einer Verweisung maßgebend ist (wobei jedoch zu beachten ist, daß das Abkommen nur die das Rechtsverhältnis selbst regelnden Vorschriften des nationalen bürgerlichen Rechtes als in seinem Sinne anzuwendende Gesetze versteht).

3. In Ansehung der im Rahmen des Abkommens anzuwendenden Gesetze. (Vgl. Anm. 2.)

Artikel 9.

Dieses Abkommen, das nur auf die europäischen Gebiete[1]) der Vertragsstaaten Anwendung findet, soll ratifiziert und die Ratifikationsurkunden sollen im Haag hinterlegt werden[2]), sobald die

Mehrzahl der Hohen vertragschließenden Teile hierzu in der Lage ist.

Über die Hinterlegung soll ein Protokoll aufgenommen werden; von diesem soll eine beglaubigte Abschrift auf diplomatischem Wege einem jeden der Vertragsstaaten mitgeteilt werden.

1. Danach findet das Abkommen keine Anwendung auf Ehen, die in den Kolonien und in den Konsulargerichtsbezirken der Vertragsstaaten geschlossen werden. (Auch auf Bosnien und die Herzegowina findet es keine Anwendung. Vgl. Berliner Kongreßakte Art. 25, Vertrag zwischen Oesterreich-Ungarn und der Türkei vom 21. April 1879.)

2. Vgl. Anm. 1 zu Art. 11.

Artikel 10.

Denjenigen Staaten, welche auf der dritten Konferenz über internationales Privatrecht vertreten waren, dieses Abkommen aber nicht gezeichnet haben, soll der vorbehaltlose Beitritt zu dem Abkommen freistehen.

Der Staat, welcher beizutreten wünscht, hat spätestens am 31. Dezember 1904 seine Absicht in einer Urkunde anzuzeigen, die im Archive der Regierung der Niederlande hinterlegt wird. Diese wird eine beglaubigte Abschrift davon auf diplomatischem Wege einem jeden der Vertragsstaaten übersenden.

Artikel 11.

Dieses Abkommen tritt am sechzigsten Tage nach der Hinterlegung der Ratifikationsurkunden oder nach dem Zeitpunkte der Anzeige von einem Beitritt in Kraft[1]).

1. Das Abkommen ist von Deutschland, Belgien, Frankreich, Luxemburg, den Niederlanden, Rumänien, Schweden ratifiziert und die Ratifikationsurkunden sind am 1. Juni 1904 im Haag hinterlegt worden (RGBl. 1904 S. 249). Ferner wurde die Hinterlegung der Ratifikationsurkunden nach diesem Zeitpunkte bewirkt (vgl. Art. 12 Abs. 2) von: Italien, Portugal und der Schweiz (RGBl. 1905 S. 716, 1907 S. 84).

Artikel 12.

Dieses Abkommen gilt für die Dauer von fünf Jahren, gerechnet von dem Zeitpunkte der Hinterlegung der Ratifikationsurkunden.

Mit diesem Zeitpunkte beginnt der Lauf der Frist auch für diejenigen Staaten, welche die Hinterlegung erst nach diesem Zeitpunkte bewirken oder erst später beitreten.

In Ermangelung einer Kündigung gilt das Abkommen als stillschweigend von fünf zu fünf Jahren erneuert.

Die Kündigung muß wenigstens sechs Monate vor dem Ablaufe des Zeitraums, der in den vorstehenden Absätzen bezeichnet ist, der Regierung der Niederlande zugestellt werden, die hiervon allen anderen Vertragsstaaten Kenntnis geben wird.

Die Kündigung soll nur in Ansehung des Staates wirksam sein, der sie erklärt hat. Für die übrigen Staaten bleibt das Abkommen in Kraft.

Zu Urkund dessen haben die Bevollmächtigten dieses Abkommen unterzeichnet und mit ihren Siegeln versehen.

Geschehen im Haag am zwölften Juni neunzehnhundertundzwei in einem einzigen Exemplare, das im Archiv der Regierung der Niederlande hinterlegt wird, und wovon eine beglaubigte Abschrift auf diplomatischem Wege einem jeden der Staaten übergeben werden soll, welche auf der dritten Konferenz über internationales Privatrecht vertreten waren.

(Unterschriften.)

II.

(Übersetzung.)

Abkommen, betreffend den Geltungsbereich der Gesetze in Ansehung der Wirkungen der Ehe auf die Rechte und Pflichten der Ehegatten in ihren persönlichen Beziehungen und auf das Vermögen der Ehegatten.

Vom 17. Juli 1905.

Das Abkommen beschränkt sich bei der verschiedenen Gestaltung der nationalen Eherechte auf die Formulierung einiger besonders wichtiger Bestimmungen des internationalen Eherechtes, ohne die systematische Regelung aller hier im internationalen Rechtsverkehre auftauchenden Fragen zu versuchen. Insbesondere sind, da es ausschließlich für privatrechtliche Verhältnisse Kollisionsnormen feststellt, seinem Geltungsbereich alle Verhältnisse, die irgendwie mit dem öffentlichen Rechte der einzelnen Vertragsstaaten zusammenhängen, entzogen, so daß (vom Standpunkte des deutschen Rechtes) die Vorbehalte der Art. 57, 58 EG. durch das Abkommen nicht berührt werden, wie auch sonst die Vorschriften des internen deutschen internationalen Privatrechtes im wesentlichen mit denen des Abkommens übereinstimmen. Außer Anwendung gesetzt werden für den Geltungsbereich des Abkommens die Art. 27, 30 EG., die in einzelnen sich hier ergebenden Abweichungen sind im folgenden kurz verzeichnet.

Die persönlichen Rechtsbeziehungen der Ehegatten zueinander sind für den Geltungsbereich des Abkommens nach dem Rechte ihres Heimatstaats zu beurteilen (Art. 1); wofern sie im Laufe der Ehe Angehörige eines und desselben anderen Staates werden, nach dieses Staates Gesetzen (Art. 9 Abs. 1); eine Regelung, die im Einklange steht mit den Bestimmungen des Art. 14 EG.; nur daß dem internen deutschen internationalen Privatrechte eine ausdrückliche Bestimmung über die persönlichen Rechtsverhältnisse ausländischer Ehegatten fehlt.

Bei der Ordnung des ehelichen Güterrechts beschränkt sich das Abkommen darauf, Kollisionsnormen für den gesetzlichen Güterstand (Art. 2) und die Eheverträge (Geschäftsfähigkeit für den Abschluß derselben Art. 3; ihre Zulässigkeit im Laufe der Ehe Art. 4; ihren Inhalt Art. 5; ihre Form Art. 6) zu geben.

Für den Güterstand der Ehegatten ist mangels eines Ehevertrages das Gesetz des Staates, dem der Ehemann zur Zeit der Eheschließung angehörte, maßgebend; es besteht der Grundsatz der Unwandelbarkeit des Güterrechts, bei einem Wechsel der Staatsangehörigkeit (abgesehen von späteren ehevertragsmäßigen Abweichungen, soweit solche gestattet sind) und das Güterrecht ist einheitlich, indem ihm das gesamte Vermögen der Ehegatten unterworfen ist. (Art. 2 in Übereinstimmung mit Art. 15 EG., wo der Fall geregelt wird, daß zur Zeit der Eingehung der Ehe der Ehemann Deutscher war, oder daß die Eheleute erst später die deutsche Staatsangehörigkeit erwarben, während der Fall, daß ein deutsches Gericht über das eheliche Güterrecht von Personen zu entscheiden hat, die als Angehörige eines ausländischen Staates Angehörige eines anderen ausländischen Staates geworden sind, im EG. nicht geregelt ist.)

Die zum Abschlusse eines Ehevertrages erforderliche

Geschäftsfähigkeit des Verlobten bestimmt sich gemäß Art. 7 EG.; mit diesem Artikel stimmt Art. 8 des Abkommens darin überein, daß für die Geschäftsfähigkeit eines jeden der beiden Verlobten seine lex patriae entscheidend ist, und weicht darin von ihm ab, daß nicht die Staatsangehörigkeit zur Zeit des Vertragsabschlusses, sondern die zur Zeit der Eheschließung maßgebend ist.

Hat also z. B. eine (nach schweizerischem Rechte volljährige) Schweizerin im Alter von 20 Jahren den Ehevertrag als Ausländerin geschlossen, jedoch noch vor Eingehung der Ehe die deutsche Staatsangehörigkeit erworben, so daß sie als Reichsangehörige heiratet, ist es genügend, aber auch erforderlich, daß sie zur Zeit des Vertrags als Deutsche nach den Vorschriften des deutschen Rechtes geschäftsfähig war, und die ausschließliche Beurteilung der Wirksamkeit des Vertrages nach deutschem Rechte würde einen Mangel der Geschäftsfähigkeit der nach deutschem Rechte bei Abschluß des Vertrages noch minderjährigen Verlobten zeigen. Art. 7 Abs. 2 EG. kann (als Vorschrift des internen deutschen internationalen Privatrechtes) für den Geltungsbereich des Abkommens, das nur auf die das Rechtsverhältnis selbst regelnden Gesetze der Vertragsstaaten verweist, keine Ausnahme begründen. (Denkschr. III 39.) Daß ein Ausländer nach Art. 8 auch dann nach seiner lex patriae geschäftsfähig sein muß, wenn er den Ehevertrag in Deutschland schließt, steht im Einklange mit dem geltenden Rechte (Art. 7 Abs. 8 Satz 2 EG.).

Nach Art. 15 EG. haben die Ehegatten die Befugnis, ihr eheliches Güterrecht vertragsmäßig zu ändern, sowohl für den Fall, daß der Ehemann zur Zeit der Eheschließung Reichsangehöriger war, als für den, daß er nach Eingehung der Ehe die Reichsangehörigkeit erworben hat. Und auch wenn keine dieser Voraussetzungen zutrifft, findet auf ausländische Ehegatten, solange sie in Deutschland wohnen, der gleiche Grundsatz Anwendung, selbst wenn ihnen nach dem ausländischen Recht diese Befugnis entzogen war.

Dies ist durch das Abkommen insofern abgeändert, als für seinen Geltungsbereich durch die in Art. 4 bezeichnete Verpflichtung der Vertragsstaaten die Frage, ob auch im Laufe der Ehe Verträge über das Güterrecht geschlossen werden dürfen, stets nach der lex patriae der Ehegatten zu beurteilen ist, so daß Ehegatten, denen das Recht ihres gegenwärtigen Heimatsstaates den Abschluß von Eheverträgen verwehrt, solche Verträge selbst dann nicht schließen können, wenn sie in Deutschland wohnen oder zur Zeit der Eheschließung Deutsche waren.

Für die Beurteilung des Inhalts der Eheverträge unterscheidet das Abkommen (Art. 5 Abs. 1), ob der Vertrag vor oder im Laufe der Ehe abgeschlossen wurde. Daß im ersteren Falle die lex patriae des Mannes zur Zeit der Eheschließung maßgebend sein soll, entspricht dem Grundsatze des Art. 15 EG., daß aber im anderen Falle das Gesetz des Staates entscheidet, dem die Ehegatten zur Zeit des Vertragsabschlusses angehören, weicht von dem Grundsatze des Art. 15 ab. Einerseits soll nach diesem Artikel (Abs. 1) fortdauernd das deutsche Recht entscheiden, ob ein Ehevertrag seinem Inhalte nach zulässig sei, den Ehegatten, die zur Zeit der Eheschließung Deutsche waren und dann eines anderen Staates Angehörige wurden, schließen, während nach Art. 5 des Abkommens hierfür das Gesetz des neuen Heimatstaates maßgebend ist, anderseits genügt nicht mehr für den Geltungsbereich des Abkommens, wie nach Art. 15 Abs. 2 Satz 1 EG., daß ein solcher Vertrag, den deutsche Ehegatten schließen, die bei Eingehung der Ehe Angehörige eines anderen Staates waren, nach dem Recht des früheren Heimatstaates gültig sei, er muß vielmehr nach Art. 5 des Abkommens in seinem Inhalte den deutschen Gesetzen entsprechen.

In Ansehung der Form der Eheverträge haben

(gemäß Art. 1 EG.) die Ehegatten die Wahl, ob sie die Gesetze, die für das eheliche Güterrecht maßgebend sind, oder die Gesetze des Ortes, an dem das Rechtsgeschäft vorgenommen wird, beobachten wollen. (Es besteht allerdings die Ansicht, daß die § 1434 BGB. vorgeschriebene Form auch für Deutsche im Auslande bindend sei.) „Auch nach Art. 6 Abs. 1 des Abkommens (und abgesehen von der Ausnahme des Abs. 7, „dessen praktische Bedeutung, zumal in Hinblick auf die strengen Formvorschriften des deutschen Rechtes, nur gering ist“) dürfen sich die Ehegatten der Form bedienen, die die lex loci contractus vorsieht, sie können aber auch die lex patriae beobachten, wobei dann die maßgebende lex patriao sich für Verträge vor der Ehe nach der Staatsangehörigkeit zur Zeit der Eheschließung, für Verträge während der Ehe nach der zur Zeit des Vertragsabschlusses bestimmt. Hat also nach der Heirat ein Wechsel der Staatsangehörigkeit stattgefunden, so kommt das Gesetz des neuen (und nicht wie nach Art. 15 Abs. 1 EG. des früheren) Heimatstaates zur Anwendung. Diese Abweichung beruht darauf, daß nach den Art. 4, 5 des Abkommens auch in sachlicher Beziehung auf Verträge, die während der Ehe geschlossen werden, des Staates Gesetz anzuwenden ist, dem die Ehegatten zur Zeit des Vertragsabschlusses angehören. Haben die Vertragsschließenden keine gemeinsame Staatsangehörigkeit, so verlangt das Abkommen, daß die Form des Vertrags dem Gesetze sowohl des einen wie des anderen Heimatstaates genügt. Der Vorbehalt des Art. 7 steht im Einklange mit Art. 28 EG., nach dem das auswärtige Vermögen deutscher Ehegatten als Sondervermögen der lex sei sitae gemäß behandelt werden kann.

Der Vorbehalt des Art. 8 des Abkommens für die Vorschriften zum Schutze Dritter der Gesetzgebung der einzelnen Vertragsstaaten ist für das deutsche Recht von Bedeutung. Da nach Art. 8 Nr. 1 jeder Vertragsstaat die Geltendmachung des ehelichen Güterstandes Dritten gegenüber davon abhängig machen kann, daß besondere Förmlichkeiten erfordert werden (z. B. auch Eintragung der nach einem auswärtigen Recht geltenden Beschränkungen der Verwaltungs- und Nutzungsbefugnisse des Ehemannes in ein öffentliches Register) werden die Vorschriften des Art. 16 Abs. 1 EG. sowohl für den gesetzlichen Güterstand wie für Eheverträge aufrechterhalten. An sich würde nach Art. 2 des Abkommens, auch wenn die Ehegatten ihren Wohnsitz in Deutschland haben, der ausländische gesetzliche Güterstand Dritten gegenüber wirksam sein und nach Art. 5 könnte (mangels besonderer Vorschriften zum Schutze Dritter im ausländischen Rechte) ein von ausländischen Ehegatten geschlossener Ehevertrag Dritten gegenüber ohne weiteres geltend gemacht werden. Dagegen muß in beiden Fällen nach Art. 16 Abs. 1 (in entsprechender Anwendung des § 1435 BGB.) eine Eintragung in das Güterrechtsregister des zuständigen deutschen Gerichts erfolgen, oder es treten, wenn die Eintragung unterblieben ist, die zu gunsten Dritter in dem zitierten Paragraphen vorgesehenen Folgen ein. Da ferner nach Art. 88 Nr. 2 des Abkommens jeder Vertragsstaat solche Vorschriften anwenden kann, welche den Zweck verfolgen, Dritte in ihren Rechtsbeziehungen zu einer Ehefrau zu schützen, die in dem Gebiete des Staates einen Beruf ausübt, wird auch die Vorschrift des Art. 16 Abs. 2 EG. (§ 11a der GO. in der Fassung des Art. 36 I desselben Gesetzes) aufrecht erhalten in Ansehung einer Ehefrau, die den Wohnsitz in Deutschland hat und selbständig ein Erwerbsgeschäft oder im Inlande selbständig ein Gewerbe betreibt, für deren güterrechtliche Verhältnisse. Hier finden zugunsten Dritter stets die Vorschriften des § 1405 Anwendung. (Im § 11a Abs. 3 GO. wird überdies die Haftung für die Verbindlichkeiten der Frau aus dem Gewerbebetrieb ohne Rücksicht auf die sich aus dem ausländischen

Güterstand etwa ergebenden Einschränkungen geregelt.) (Denkschr. III 44 f.)

Seine Majestät der Deutsche Kaiser, König von Preußen, im Namen des Deutschen Reichs, der Präsident der Französischen Republik, Seine Majestät der König von Italien, Ihre Majestät die Königin der Niederlande, Seine Majestät der König von Portugal und Algarvien usw., Seine Majestät der König von Rumänien und Seine Majestät der König von Schweden und von Norwegen, im Namen Schwedens,

von dem Wunsche geleitet, gemeinsame Bestimmungen über die Wirkungen der Ehe auf die Rechte und Pflichten der Ehegatten in ihren persönlichen Beziehungen und auf das Vermögen der Ehegatten aufzustellen,

haben beschlossen, zu diesem Zwecke ein Abkommen zu treffen, und haben infolgedessen zu Ihren Bevollmächtigten ernannt:

(Namen.)

I. Die Rechte und Pflichten der Ehegatten in ihren persönlichen Beziehungen.

Artikel 1.

Für die Rechte und Pflichten[1]) der Ehegatten in ihren persönlichen Beziehungen ist das Gesetz des Staates, dem sie angehören (Gesetz des Heimatstaats), maßgebend[2]).

Jedoch dürfen wegen dieser Rechte und Pflichten nur solche Durchführungsmittel angewendet werden, die auch das Gesetz des Landes gestattet, wo die Anwendung erforderlich ist[3]).

1. Was unter den Rechten und Pflichten der Ehegatten in ihren persönlichen Beziehungen vom Standpunkte der einzelnen nationalen Rechte jeweilig im Sinne des Abkommens zu verstehen ist, dürfte oft nicht leicht zu entscheiden sein. Jedenfalls ist hierbei von den Voraussetzungen des Abkommens, das ausdrücklich privatrechtliche Verhältnisse regeln soll (und deshalb z. B. Bestimmungen darüber, welche Wirkungen die Ehe auf den Stand der Frau ausübe, nicht gab), auszugehen und zu beachten, daß es sich um die Auslegung eines Staatsvertrages handelt (so daß z. B. die Bedeutung, welche den Worten „die persönlichen Rechtsbeziehungen" im Art. 14 EG. zukommt, nicht den Ausschlag geben kann, da Art. 1 des Abkommens nach Wortlaut und Entstehungsgeschichte eine beschränktere Tragweite haben soll. Denkschr. III 37). Der Art. bezieht sich lediglich auf die „union conjugale" (wie die Fassung „rapports personnels" im Gegensatze zu den rapports pécuniaires bezeichnet) (unter Ausschluß alles dessen, was die Statusfragen berührt). Vom Standpunkte des deutschen Rechtes werden dessen Vorschriften über die „Wirkungen der Ehe im allgemeinen" (§§ 1353 bis 1362 BGB.) nicht alle als der kollisionsrechtlichen Regelung durch Art. 1 unterworfen erscheinen. Dies dürfte der Fall sein für die Vorschriften über die Verpflichtung zur ehelichen Lebensgemeinschaft (§ 1353 BGB.) und über die Bestimmung des Wohnortes und der Wohnung (§ 1354 BGB.), nicht aber für die Vorschrift darüber, ob die Frau den Familiennamen des Mannes führen dürfe (§ 1355 BGB.), während Vorschriften über die Leitung

des Hauswesens durch die Frau (wie § 1357 BGB.) der Regelung durch Art. 1 unterworfen scheinen.

Eine Einigung darüber, welches Recht über die Geschäftsfähigkeit der verheirateten Frau entscheidet, konnte nicht erreicht werden, so daß in dieser Frage, auch soweit es sich dabei um Beschränkungen handelt, welche eine Folge der Ehe im allgemeinen sind, das interne Recht der Vertragsstaaten maßgebend bleibt, wie auch für solche, welche die Folgen eines bestimmten ehelichen Güterrechtes sind (vgl. Art. 200 Abs. 3 EG.). Dagegen bilden die Beschränkungen des Verfügungsrechtes, die ein bestimmter Güterstand für die Frau (und u. U. auch für den Mann) nach sich zieht, einen Teil des Güterrechtes selbst und sind deshalb den Gesetzen unterworfen, die dem Abkommen gemäß anzuwenden sind. Vgl. Denkschr. III 35; vgl. Art. 3 Anm. 1.

Es wäre vom Standpunkte des deutschen Rechtes (vgl. Denkschr. III 37) vielleicht anzunehmen, daß bei der sogenannten Schlüsselgewalt der Frau (§ 1357 BGB.); vielleicht auch bei der Vermutung für das Eigentum des einen oder des anderen Teils § 1362 BGB.), hier lediglich persönliche Rechtsbeziehungen der Ehegatten geregelt werden sollen, im Sinne des Abkommens aber sind diese Verhältnisse nicht der Vorschrift des Art. 1 unterworfen, so daß in s. S., da es sich um vermögensrechtliche Beziehungen handelt, auch wenn nur die Rechte und Pflichten ausländischer Ehegatten gegeneinander in Betracht kommen, jedenfalls aber dann, wenn die zit. Paragraphen das Rechtsverhältnis der Ehegatten zu dritten Personen regeln, sie nur Anwendung finden können, soweit sie Dritten günstiger sind als die ausländischen Gesetze (Art. 16 Abs. 2 EG.; mangels besonderer Bestimmungen der Art. 2—8 des Abkommens.) (Auch darüber, ob Schenkungen unter Ehegatten ungültig oder widerruflich sind, wurde absichtlich eine besondere Bestimmung in die endgültige Fassung des Abkommens nicht aufgenommen, so daß auch hier das interne internationale Privatrecht der einzelnen Vertragsstaaten entscheidend bleibt). Zu den persönlichen Rechtsbeziehungen ist dagegen auch die Alimentationspflicht der Ehegatten zu rechnen, so daß die Vorschriften über die Gewährung des Unterhaltes (§§ 1360, 1361 BGB.) der Regelung des Art. 1 unterstellt sind. Diese Pflicht dürfte jedoch bei Verschiedenheit des persönlichen Rechtes der Ehegatten nur soweit anzuerkennen sein, als dies nach dem einen wie nach dem anderen Gesetze der Fall ist.

2. Es ist dies zunächst das Gesetz des Staates, dessen Angehörige beide Ehegatten bei Eingehung der Ehe waren und sofern beide Ehegatten im Laufe der Ehe die Staatsangehörigkeit wechseln und Angehörige eines und desselben anderen Staates werden, dieses Staates Gesetze (Art. 9 Abs. 1); es gilt hier also nicht wie bei dem gesetzlichen Güterstand (Art. 2) der Grundsatz der Unwandelbarkeit.

3. Es wird also für die zwangsweise Geltendmachung der hier bezeichneten Rechte diese Möglichkeit nur mit der Einschränkung gegeben, daß sowohl die lex patriae wie die lex fori die Anwendung derartiger Maßregeln gestatten, wobei diese Maßregeln nach den beiden Gesetzen aber nicht völlig gleiche (identiques) zu sein brauchen, es genügt, wenn sie als Zwangsmittel einander entsprechend (analogues) sind.

II. Das Vermögen der Ehegatten[2]).

Artikel 2.

In Ermangelung eines Vertrags ist für die Wirkungen der Ehe sowohl auf das unbewegliche als auf das bewegliche Vermögen der Ehegatten das Gesetz des Heimatstaats des Mannes zur Zeit der Eheschließung[3]) maßgebend.

Eine Änderung der Staatsangehörigkeit der Ehegatten oder des einen von ihnen ist ohne Einfluß auf das eheliche Güterrecht[4])[5]).

1. Feststellung des gesamten Vermögens der Ehegatten, ihres Güterstandes (besonders die Rechte des Mannes am Vermögen der Frau) als ideale Einheit, so daß im Geltungsbereiche des Abkommens (außer in den Fällen des Art. 7) von dem bezeichneten maßgebenden ehelichen Güterrechte auch die Immobilien abhängen, welche zu der betreffenden Vermögensmasse gehören, ohne Rücksicht auf ihre Lage in anderen Vertragsstaaten, und damit, soweit es sich um in diesen belegene Immobilien handelt, die lex rei sitae niemals zur Anwendung kommen kann.

2. Feststellung, daß die Staatsangehörigkeit der Frau nicht in Betracht kommt.

3. Feststellung, daß der Ort der Eheschließung nicht in Betracht kommt.

4. Feststellung der Unwandelbarkeit des Güterrechtes (abgesehen von einem später geschlossenen Ehevertrage).

5. Soweit Einschränkungen nach Art. 8 nicht bestehen, ist für die Beziehungen der Ehegatten zu Dritten in Ansehung des gesetzlichen Güterstandes das im Art. 1 bezeichnete Gesetz maßgebend, das auch maßgebend bleibt für die Auseinandersetzung nach Beendigung des ehelichen Verhältnisses, soweit Wirkungen des Güterstandes als Nachwirkungen dieser bestehen (z. B. fortgesetzte Gütergemeinschaft; das für den Fall der Scheidung dem unschuldigen Ehegatten gewährte Wahlrecht, sofern es lediglich die güterrechtliche Auseinandersetzung betrifft, nicht aber selbständige Erbrechte, Ehescheidungsstrafen usw.). „Die hiernach unter Umständen erforderliche Prüfung, ob ausländische Vorschriften auch in den Bereich des ehelichen Güterrechtes fallen oder nicht, kann zu Zweifeln führen; mit solchen

Schwierigkeiten muß aber schon nach dem geltenden deutschen Rechte gerechtet werden" (Denkschr. III 39).

Artikel 3.

Für einen jeden der Verlobten bestimmt sich die Fähigkeit, einen Ehevertrag zu schließen, nach dem Gesetze seines Heimatstaats zur Zeit der Eheschließung [1][2][3].

1. Regelung der Geschäftsfähigkeit für den Abschluß der Eheverträge unter Verlobten (die Entscheidung der Frage, welches Gesetz für während der Ehe abgeschlossene Eheverträge maßgebend ist, wird [absichtlich] durch das Abkommen nicht herbeigeführt, so daß hierüber das jeweilige interne internationale Privatrecht entscheidet).

2. Erbverträge unter Verlobten (und Ehegatten) fallen nicht unter das Abkommen, dagegen diejenigen Wirkungen der Auflösung der Ehe, welche bloße Nachwirkungen eines durch den Ehevertrag bestimmten Güterstandes sind. (Vgl. Anm. 5 zu Art. 2.)

3. (Ein Wechsel der Staatsangehörigkeit, der als Folge der Verheiratung in der Person der Frau eintritt, wird durch das Abkommen nicht berücksichtigt.)

Artikel 4.

Das Gesetz des Heimatstaats der Ehegatten entscheidet darüber, ob sie während der Ehe einen Ehevertrag errichten und ihre güterrechtlichen Vereinbarungen aufheben oder ändern können [1][2][3].

Eine Änderung des ehelichen Güterrechts hat keine Rückwirkung zum Nachteile Dritter [4].

1. Die Frage der Zulässigkeit von Eheverträgen im Laufe der Ehe wird entsprechend den grundsätzlichen

Anschauungen von den verschiedenen nationalen Rechten der Vertragsstaaten verschieden beantwortet. Während z. B. nach deutschem Rechte auch Ehegatten solche Verträge abschließen können, läßt das französische Recht (Art. 1394, 1395 C. c.) die Errichtung von Eheverträgen nur vor der Heirat zu und gestattet auch eine Abänderung derartiger Verträge im Laufe der Ehe nicht. Wofern nun die Staatsangehörigkeit der Ehegatten im Laufe der Ehe wechselt, wäre es oft zweifelhaft, ob die frühere oder die spätere lex patriae für die Zulässigkeit von Eheverträgen maßgebend ist, daß es die letztere sein soll, bestimmt Art. 4 des Abkommens (in Verbindung mit Art. 9 Abs. 1).

2. Vom Standpunkte des deutschen Rechtes muß der Abschluß von Eheverträgen durch deutsche (über ausländische S. 36f.) Ehegatten für das ganze Vertragsgebiet anerkannt werden, und zwar z. B. auch dann, wenn sie im Geltungsbereiche des französischen Rechtes ihren Wohnsitz haben und zur Zeit der Eheschließung französische Staatsangehörige waren.

3. Da die Bestimmung des Art. 4 an sich nicht nur für die Beziehungen der Ehegatten zueinander, sondern auch für ihr Verhältnis zu Dritten gilt, wäre der Fall denkbar, daß z. B. französische Ehegatten, die ihren Wohnsitz in Deutschland haben, bei einem mit dem Sachverhalte unbekannten Amtsgerichte einen während der Ehe geschlossenen Vertrag ins Güterrechtsregister eintragen lassen, der dann nach Art. 4 auch für Dritte ohne rechtliche Bedeutung wäre. „Da aber schon nach dem geltenden Rechte es nicht der Zweck des Güterrechtsregisters ist, eine Gewähr dafür zu bieten, daß ein darin vermerkter Ehevertrag zu Recht besteht, so ist es nicht erforderlich, in dieser Richtung die innere Gesetzgebung durch besondere Vorschriften zugunsten der Dritten zu ergänzen, was nach Art. 8 an sich zulässig sein würde.“ (Denkschr. III 41.)

4. Der Abs. 2 bezweckt lediglich die Wahrung wohlerworbener Rechte, so daß er schon deshalb „bei zutreffender Auffassung des Begriffs der Rückwirkungen eine Änderung des inneren deutschen Rechtes nicht zur Folge hat". (Denkschr. III 1. c.) (Vgl. BGB. § 1435.)

Artikel 5.

Für die Gültigkeit eines Ehevertrags in Ansehung seines Inhalts sowie für seine Wirkungen ist das Gesetz des Heimatstaats des Mannes zur Zeit der Eheschließung oder, wenn der Vertrag während der Ehe geschlossen ist, das Gesetz des Heimatstaats der Ehegatten zur Zeit des Vertragsschlusses maßgebend[1]).

Das gleiche Gesetz entscheidet darüber, ob und inwieweit die Ehegatten die Befugnis haben, auf ein anderes Gesetz zu verweisen[2]); haben sie auf ein anderes Gesetz verwiesen, so bestimmen sich die Wirkungen des Ehevertrags nach diesem Gesetze.

1. In Verfolgung der Bestimmung des Art. 4, daß für die Zulässigkeit der Errichtung von Eheverträgen nach der Eheschließung das Gesetz des neuen Heimatstaates maßgebend sei, regelt Art. 5 den Inhalt der Eheverträge, gleichviel, ob es sich dabei um die Gültigkeit des Vertrages oder um seine Wirkungen, zu denen auch die Ergänzungen unvollständiger Vertragsbestimmungen auf Grund der gesetzlichen Vorschriften zu rechnen sind, handelt. (In Ansehung der beiden im Art. unterschiedenen Fälle in ihrem Verhältnisse zum internen deutschen internationalen Privatrechte vgl. S. 37.)

2. D. h. über die Zulässigkeit der in einem Ehevertrage enthaltenen Verweisung, die Einführung eines

ausländischen Güterstandes durch Ehevertrag in der Weise, daß die Ehegatten, ohne ihre Beziehungen im einzelnen zu regeln, sich dem ausländischen Rechte unterwerfen. So können z. B. Ehegatten, die im Zeitpunkte des Ehevertragsabschlusses Angehörige des deutschen Reiches sind, grundsätzlich nicht auf ein ausländisches Gesetz verweisen (§ 1433 Abs. 1 BGB.), und eine solche Verweisung wäre nur unter den Voraussetzungen des Abs. 2 zit. Paragraphen möglich, dagegen können, wofern der Mann zur Zeit der Eheschließung Franzose ist, die Verlobten in dem Ehevertrage auf eines anderen Staates Recht, gleichgültig, ob sie in diesem ihren Wohnsitz haben oder nicht, verweisen. (Art. 1390 C. c.)

Artikel 6.

In Ansehung der Form ist der Ehevertrag gültig, wenn er gemäß dem Gesetze des Landes, wo er errichtet wird, geschlossen ist, oder wenn er geschlossen ist gemäß dem Gesetze des Heimatstaats eines jeden der Verlobten zur Zeit der Eheschließung oder aber während der Ehe gemäß dem Gesetze des Heimatstaats eines jeden der Ehegatten[1][2].

Macht das Gesetz des Heimatstaats eines der Verlobten oder, im Falle der Vertragsschließung während der Ehe, das Gesetz des Heimatstaats eines der Ehegatten die Gültigkeit des Vertrages davon abhängig, daß er, auch wenn er im Auslande geschlossen wird, einer bestimmten Form genügt, so müssen diese Gesetzesvorschriften beobachtet werden[3].

1. Für den Fall, daß die Vertragschließenden keine gemeinsame Staatsangehörigkeit haben, wäre es möglich, daß das eine Gesetz (im Interesse seiner Rechtssubjekte) die Form einer öffentlichen Urkunde verlangt, während das andere Gesetz eine Privaturkunde für ausreichend erklärt. Auch in diesem Falle würde Beobachtung des Gesetzes des Ortes, an dem der Vertrag abgeschlossen wird, genügen.

2. „Diese Bestimmung greift also nicht schon dann Platz, wenn ein Gesetz für Eheverträge eine bestimmte Form erfordert, wie es im § 1434 BGB. geschieht. Vielmehr setzt sie voraus, daß das in einem Vertragstaate geltende internationale Privatrecht die Beobachtung der vorgeschriebenen Form auch für Verträge im Auslande verlangt." (Denkschr. III 43.)

3. Soweit ein Ehevertrag danach ungültig ist (etwa weil sich die Verlobten oder Ehegatten, ohne die Abweichung von der Regel des Abs. 1 durch Abs. 2 zu beachten, der Form bedienten, die das Gesetz des Ortes für genügend erklärte), ist er es im ganzen Vertragsgebiete.

Artikel 7.

Die Bestimmungen dieses Abkommens sind nicht anwendbar auf solche Grundstücke, welche nach dem Gesetze der belegenen Sache einer besonderen Güterordnung unterliegen[1].

1. Vgl. Art. 6 Abs. 2 des Abkommens über die Vormundschaft Minderjähriger. Art. 12 des Abkommens über die Entmündigung.

Artikel 8.

Jeder der Vertragsstaaten behält sich vor[1][2]:

1. besondere Förmlichkeiten zu erfordern, wenn

der eheliche Güterstand Dritten gegenüber geltend gemacht werden soll;

2. solche Vorschriften anzuwenden, welche den Zweck verfolgen, Dritte in ihren Rechtsbeziehungen zu einer Ehefrau zu schützen, die in dem Gebiete des Staates einen Beruf ausübt.

Die Vertragsstaaten verpflichten sich, die nach diesem Artikel anwendbaren Gesetzesvorschriften einander mitzuteilen.[3])

1. Vorbehalt für die einzelnen Vertragsstaaten, soweit dafür ein Bedürfnis vorliegt, im Interesse des rechtswirtschaftlichen Verkehrs das Verhältnis der Ehegatten zu Dritten besonders zu regeln (da zunächst auch auf die güterrechtlichen Verhältnisse der Ehegatten zu Dritten die Art. 2 bis 5 Anwendung finden). (Bedeutung dieses Vorbehaltes für das deutsche Recht vgl. S. 38 f.)

2. Die Zulässigkeit landesgesetzlicher Vorschriften zugunsten Dritter werden nicht davon abhängig gemacht, daß sich der Dritte im guten Glauben befinde, und dieser gute Glaube kommt also nur soweit in Betracht, soweit ihn das innere Recht der Vertragsstaaten erfordert. („In Deutschland finden beispielsweise die Vorschriften des § 1405 BGB. und des § 11a der GO. selbst dann Anwendung, wenn der Dritte wußte, daß im gegebenen Falle für das eheliche Güterrecht ausländische Gesetze maßgebend sind und daß diese Gesetze in wesentlichen Punkten vom deutschen Rechte abweichen." Denkschr. III 45.)

3. Die durch Art. 8 für die Gesetzgebung des einzelnen Staates vorbehaltenen Gesetze finden nur im

Gebiete dieses Staates Anwendung, während im übrigen Vertragsgebiete die Verpflichtung besteht, die in den Art. 2 bis 6 bezeichneten Gesetze anzuwenden.

III. Allgemeine Bestimmungen.

Artikel 9.

Haben die Ehegatten während der Ehe eine neue, und zwar die gleiche Staatsangehörigkeit erworben, so ist in den Fällen der Artikel 1, 4, 5 das Gesetz ihres neuen Heimatstaats anzuwenden.

Verbleibt den Ehegatten während der Ehe nicht die gleiche Staatsangehörigkeit, so ist bei Anwendung der vorbezeichneten Artikel ihr letztes gemeinsames Gesetz als das Gesetz ihres Heimatstaats anzusehen[1] [2].

1. Werden sie später wieder Angehörige eines und desselben Staates, so ist selbstverständlich dann wieder dessen Recht entscheidend.

2. Zurzeit erwirbt die Frau gemäß den nationalen Rechten aller Vertragsstaaten durch die Eheschließung die Staatsangehörigkeit des Mannes, so daß damit die im Abkommen durch eine besondere Vorschrift nicht geregelte Möglichkeit, daß die Ehegatten einem und demselben Staate weder angehören noch angehört haben, die Anwendung der Art. 1, 4, 5 ausschließen würde, für den Geltungsbereich des Abkommens nicht in Betracht zu ziehen ist.

Artikel 10.

Dieses Abkommen findet keine Anwendung, wenn das Gesetz, das nach den vorstehenden Artikeln[1]) angewendet werden müßte, nicht das Gesetz eines Vertragsstaats ist[2]).

1. 1 bis 6 und 9.

2. Die Bedeutung des Art. in Hinsicht auf die Anwendbarkeit der Bestimmungen des Abkommens bei einem Wechsel der Staatsangehörigkeit ist verschieden (z. B. war der Ehemann zur Zeit der Eheschließung Angehöriger eines Vertragsstaates, sind alle Vertragsstaaten verpflichtet, für die gesamte Dauer der Ehe in Ansehung des gesetzlichen Güterstandes dieses Vertragsstaates Recht anzuwenden, auch wenn die Eheleute nach der Eheschließung Angehörige eines Nichtvertragsstaates werden. [Art. 2.] Errichten sie aber den Ehevertrag erst, nachdem sie Angehörige eines Nichtvertragsstaates geworden sind, so findet das Abkommen keine Anwendung. [Art. 4, 5.])

IV. Schlußbestimmungen.

Artikel 11.

Dieses Abkommen soll ratifiziert und die Ratifikationsurkunden sollen im Haag hinterlegt werden, sobald sechs der Hohen Vertragsparteien hierzu in der Lage sind.

Über jede Hinterlegung von Ratifikationsurkunden soll ein Protokoll aufgenommen werden; von diesem soll eine beglaubigte Abschrift einem jeden der Vertragsstaaten auf diplomatischem Wege mitgeteilt werden.

Artikel 12.

Dieses Abkommen findet auf die europäischen Gebiete der Vertragsstaaten ohne weiteres Anwendung.

Wünscht ein Vertragsstaat die Inkraftsetzung des Abkommens in seinen außereuropäischen Gebieten, Besitzungen oder Kolonien oder in seinen Konsulargerichtsbezirken, so hat er seine hierauf gerichtete Absicht in einer Urkunde kundzugeben, die im Archiv der Regierung der Niederlande hinterlegt wird. Diese wird eine beglaubigte Abschrift davon einem jeden der Vertragsstaaten auf diplomatischem Wege übersenden. Das Abkommen tritt in Kraft für die Beziehungen zwischen den Staaten, die auf diese Kundgebung mit einer zustimmenden Erklärung antworten, und den außereuropäischen Gebieten, Besitzungen oder Kolonien sowie den Konsulargerichtsbezirken, für welche die Kundgebung erfolgt ist. Die zustimmende Erklärung wird gleichfalls im Archive der Niederlande hinterlegt, die eine beglaubigte Abschrift davon einem jeden der Vertragsstaaten auf diplomatischem Wege übersenden wird.

Artikel 13.

Die Staaten, die auf der vierten Konferenz über internationales Privatrecht vertreten waren, werden zur Zeichnung dieses Abkommens bis zu der im Artikel 11 Abs. 1 vorgesehenen Hinterlegung der Ratifikationsurkunden zugelassen.

Nach dieser Hinterlegung soll ihnen der vorbehaltlose Beitritt zu dem Abkommen stets freistehen. Der Staat, der beizutreten wünscht, gibt seine Absicht in einer Urkunde kund, die im Archive der Regierung der Niederlande hinterlegt wird. Diese wird eine beglaubigte Abschrift davon einem jeden der Vertragsstaaten auf diplomatischem Wege übersenden.

Artikel 14.

Dieses Abkommen tritt in Kraft am sechzigsten Tage nach der im Artikel 11 Abs. 1 vorgesehenen Hinterlegung der Ratifikationsurkunden[1]).

Im Falle des Artikel 12 Abs. 2 tritt es vier Monate nach dem Zeitpunkt der zustimmenden Erklärung und im Falle des Artikel 13 Abs. 2 am sechzigsten Tage nach dem Zeitpunkte der Kundgebung des Beitritts in Kraft.

Es versteht sich, daß die im Artikel 12 Abs. 2 vorgesehenen Kundgebungen erst erfolgen können, nachdem dieses Abkommen gemäß Abs. 1 des vorliegenden Artikels in Kraft gesetzt worden ist.

1. Diese ist zurzeit noch nicht erfolgt.

Artikel 15.

Dieses Abkommen gilt für die Dauer von fünf Jahren, gerechnet von dem im Artikel 14 Abs. 1 angegebenen Zeitpunkte.

Mit demselben Zeitpunkte beginnt der Lauf dieser Frist auch für die Staaten, die erst nachträglich beitreten, und ebenso in Ansehung der auf Grund des Artikel 12 Abs. 2 abgegebenen zustimmenden Erklärungen.

In Ermangelung einer Kündigung gilt das Abkommen als stillschweigend von fünf zu fünf Jahren erneuert.

Die Kündigung muß wenigstens sechs Monate vor dem Ablaufe der im Abs. 2, 3 bezeichneten Frist der Regierung der Niederlande erklärt werden, die hiervon allen anderen Staaten Kenntnis geben wird.

Die Kündigung kann auf die außereuropäischen Gebiete, Besitzungen oder Kolonien oder auch auf die Konsulargerichtsbezirke beschränkt werden, die in einer auf Grund des Artikel 12 Abs. 2 erfolgten Kundgebung aufgeführt sind.

Die Kündigung soll nur in Ansehung des Staates wirksam sein, der sie erklärt hat. Für die übrigen Vertragsstaaten bleibt das Abkommen in kraft.

Zu Urkund dessen haben die Bevollmächtigten dieses Abkommen unterzeichnet und mit ihren Siegeln versehen.

Geschehen im Haag am 17. Juli neunzehnhundertfünf in einer einzigen Ausfertigung, die im Archiv der Regierung der Niederlande zu hinterlegen ist und wovon eine beglaubigte Abschrift auf diplomatischem Wege einem jeden der Staaten übergeben werden soll, die auf der vierten Konferenz über internationales Privatrecht vertreten waren.

(Unterschriften.)

III.

(Übersetzung.)

Abkommen zur Regelung des Geltungsbereichs der Gesetze und der Gerichtsbarkeit auf dem Gebiete der Ehescheidung und der Trennung von Tisch und Bett.

Vom 12. Juni 1902. (RGBl. 1904 S. 231.)

Das Abkommen über die Ehescheidung regelt durch Ausgestaltung gleicher Kollisionsrechtssätze die räumliche Herrschaft der in den Vertragsstaaten geltenden Gesetze über die Ehescheidung und die Trennung von Tisch und Bett insbesondere für den Fall, daß die Ehegatten ihren Wohnsitz im Auslande haben und vor der dortigen Gerichtsbarkeit klagen, indem es hinsichtlich der materiellen Voraussetzungen einer Scheidung (bzw. Trennung) vom Staatsangehörigkeitsprinzipe ausgehend verlangt, daß das Institut der Ehescheidung (oder das der Trennung von Tisch und Bett) sowohl von der lex patriae wie auch von der lex fori anerkannt werde (Ausnahmefälle Art. 3, 4) und gleichzeitig bei der Ordnung der von ihm behandelten Materie auf internationalem Boden die notwendigen besonderen Bestimmungen in Ansehung der Gerichtsbarkeit macht, wobei es grundsätzlich den Parteien überlassen bleibt, ob sie die Gerichtsbarkeit des Heimatstaates oder die des Wohnsitzes (diese jedoch nur soweit, als die des Heimatstaates es gestattet) anrufen wollen und eine von der zuständigen Gerichtsbarkeit unter Wahrung der materiellrechtlichen Kollisionsnormen vorgenommene Scheidung (bzw. Trennung) ist im ganzen Vertragsgebiete als rechtsgültig anzuerkennen. Im übrigen regelt das Abkommen noch für den Fall, daß ausländische Ehegatten nach seinen Bestimmungen nicht in der Lage sein sollten, im Lande ihres Wohnsitzes die Scheidungs- (bzw. Trennungs-) Klage zu erheben, die Anordnung vorläufiger Maßnahmen für die Aufhebung der ehelichen Gemeinschaft (Art. 6) und bestimmt für Ehegatten, die verschiedenen Staaten angehören, als lex patriae im Sinne des Abkommens das Gesetz ihres letzten gemeinsamen Heimatstaates. (Art. 8.) Mit den Grundsätzen des internen deutschen internationalen Privatrechtes (Art. 17 EG.) und Zivilprozeßrechtes (§§ 328, 606 ZPO.) stimmen die durch das Abkommen festgestellten Kollisionsnormen im wesentlichen überein. Für den Geltungsbereich des Abkommens sind die deutschen Vorschriften hauptsächlich durch Art. 8 abgeändert worden, nach dessen Bestimmung bei verschiedener Staatsangehörigkeit der Ehegatten nicht die lex patriae des Mannes entscheidet.

Da in den verschiedenen Vertragsstaaten die Gesetzgebungen über das Ehescheidungs- (bzw. Trennungs-) Recht nicht übereinstimmen und insbesondere in einzelnen katholischen Staaten (Italien [vgl. jedoch Art. 3 Anm.] Oesterreich, Portugal, Spanien) die auf dem katholischen Dogma der Unauflöslichkeit des Ehesakramentes beruhende beständige Trennung von Tisch und Bett, aber nicht die Scheidung dem Bande nach zugelassen ist, während wiederum in den paritätischen Staaten jene als mit ihrem bürgerlichen Rechte unvereinbar nicht gestattet ist, macht Art. 1 den Vorbehalt der Konkordanz der Gesetzgebungen in Hinsicht auf das Institut der Scheidung (bzw. Trennung). Da das Ehescheidungsrecht des BGB. weder eine zeitweilige noch eine beständige Trennung der

Ehegatten von Tisch und Bett kennt (die Aufhebung der ehelichen Gemeinschaft aber nicht mit ihr identisch ist), so ist das ausländische Recht, soweit es eine solche Trennung kennt, nach Art. 1 des Abkommens in Übereinstimmung mit Art. 17 Abs. 4 EG. nicht zu berücksichtigen und diese sowohl für Deutsche im Auslande wie für Ausländer in Deutschland ausgeschlossen. Es kann also auf Grund ausländischer Gesetze nur auf Scheidung oder auf Aufhebung der ehelichen Gemeinschaft erkannt werden (nach der ausdrücklichen Feststellung durch Art. 1 des Abkommens; soweit dieses nicht in Frage kommt, fehlt allerdings dem internen deutschen internationalen Privatrechte eine solche Bestimmung, da aber Art. 17 EG. abweichend vom Entwurfe II die beständige oder zeitweilige Trennung nicht erwähnt, da ferner die Vorschriften der ZPO. über Ehesachen nur die Klage auf Scheidung und Aufhebung der ehelichen Gemeinschaft betreffen, gilt das Gleiche r. A. n. auch hier [Planck]). Auch auf Aufhebung der ehelichen Gemeinschaft kann auf Grund ausländischer Gesetze nur erkannt werden, wenn sie oder die endgültige Scheidung nach ihnen ebenso wie nach den deutschen zulässig sein würde. (Vgl. Art. 1 Anm. 2.)

Im einzelnen ist über das Verhältnis des Abkommens zu den Kollisionsnormen des Art. 17 EG. das folgende zu bemerken: Art. 8 des Abkommens ändert die Vorschriften des Art. 17 EG. Abs. 1 (sowie des § 606 Abs. 1, 2, 4 ZPO.) dahin ab, daß nicht nur die lex patriae des Ehemannes, sondern das Heimatrecht beider Ehegatten bei verschiedener Staatsangehörigkeit derselben entscheidend ist. Für deutsche Ehegatten ist überdies der Grundsatz des Art. 8 bereits im Art. 17 Abs. 3 EG. (sowie im § 606 Abs. 2 Satz 2 [erster Fall]) ausgesprochen worden, so daß er sich für Deutschland nur auf eine Ausdehnung der deutschen Vorschriften auf die Angehörigen sämtlicher Vertragsstaaten darstellt (Denkschr. II 44). Auch die Ehescheidung von Deutschen im Auslande auf Grund des materiellen deutschen Rechtes wäre nach Art. 17 Abs. 1 EG. in Verbindung mit Art. 3 des Abkommens zulässig, während anderseits der Vorbehalt dieses Art. in Ansehung der in Deutschland erhobenen Klagen nach Art. 17 Abs. 4 nicht in Betracht kommt. Mangels einer entsprechenden Ausnahme in den Art. 1, 2 des Abkommens ist allerdings die im Falle des Art. 17 Abs. 1 EG. nach Art. 27 EG. mögliche Rückverweisung auf das deutsche Recht für den Geltungsbereich des Abkommens außer Anwendung gesetzt (Denkschr. II 40). Endlich hat das Abkommen, das die Gleichstellung beider Ehegatten durchführt, durch Art. 4 (in negativer Fassung) die in positiver Fassung gegebene Vorschrift des Art. 17 Abs. 2 EG. dahin für seinen Geltungsbereich erweitert, daß nicht nur die frühere Staatsangehörigkeit des Mannes im Falle eines Wechsels der Staatsangehörigkeit zu berücksichtigen ist, sondern auch die der Frau.

Die im Art. 7 des Abkommens für die Vertragsstaaten ausgesprochene Verpflichtung zur Anerkennung der von den Behörden der Vertragsstaaten im Rahmen des Abkommens getroffenen Entscheidungen erforderte eine Regelung der Zuständigkeit der Gerichtsbarkeit auf dem Gebiete der Scheidung und Trennung, wie sie durch Art. 5 vorgenommen wird. Wie schon oben angedeutet, nimmt auch das Abkommen grundsätzlich (wie auch Art. 17 Abs. 1 und 4 EG.) eine exklusive Zuständigkeit des heimatlichen Gerichtes der Ehegatten an und erklärt ausnahmsweise eine Ehescheidung durch die Gerichte eines anderen Staates nur dann für zulässig, wenn für den fraglichen Fall die lex patriae der Ehegatten die Scheidung gestattet.

Die Zuständigkeitsvorschriften des deutschen Rechtes (§ 606 Abs. 1, 2, 4 ZPO.) sind teilweise durch das Abkommen geändert worden. Allerdings sind für

Scheidungsklagen, die von Deutschen bei den deutschen Gerichten erhoben werden, die Gerichtsstände des § 606 Abs. 1, Abs. 2 Satz 1 bestehen geblieben und sie müssen (im Falle des § 606 Abs. 1 ZPO. als ausschließliche) im ganzen Vertragsgebiete anerkannt werden, wofern aber Scheidungsklagen von Deutschen bei ausländischen Gerichten erhoben werden und wofern die Ehegatten an verschiedenen Orten außerhalb Deutschlands wohnen, muß, abweichend vom sonst geltenden deutschen Rechte, im Geltungsbereiche des Abkommens die Gerichtsbarkeit des Wohnsitzes der beklagten Ehefrau als zuständige Gerichtsbarkeit im Sinne der deutschen Gesetze angesehen werden. Wofern die Ehegatten keinen gemeinsamen Wohnsitz haben und Angehörige eines anderen Vertragsstaates sind und wofern auch nur einer von ihnen in Deutschland wohnt, kann einerseits, da die Gerichtsbarkeit des Wohnsitzes des Klägers durch das Abkommen beseitigt ist, der in Deutschland wohnende Ehemann nicht mehr nach § 606 Abs. 1 ZPO. die Scheidungsklage in seinem allgemeinen Gerichtsstand erheben und kann anderseits, da die Gerichtsbarkeit des Wohnsitzes des Beklagten durch das Abkommen eingeführt ist (im Widerspruche mit § 606 Abs. 1 ZPO.), die Scheidungsklage gegen die in Deutschland wohnende Ehefrau in dem Gerichtsstande ihres Wohnsitzes erhoben werden, ohne Rücksicht darauf, wo der Ehemann seinen Wohnsitz hat. Auch ohne daß ein Gerichtsstand nach § 606 ZPO. begründet ist, könnte im Falle der böslichen Verlassung oder im Falle einer Verlegung des Wohnsitzes nach dem Eintritte des Scheidungs- oder Trennungsgrundes (vgl. Art. 5 Nr. 2) die Klage in Deutschland erhoben werden. (Denkschr. II 41 f.). Endlich ist bei verschiedener Staatsangehörigkeit der Ehegatten (in Ansehung des § 606 Abs. 1, 2, 4 ZPO. mit Rücksicht auf Art. 8 des Abkommens) für die Frage, welches Gesetz in diesem Falle als die lex patriae im Sinne des Abkommens anzusehen ist, nicht allein die lex patriae des Ehemannes, sondern die beider Ehegatten maßgebend.

Soweit vorläufige Maßnahmen im Sinne des Art. 6 des Abkommens im Herrschaftsgebiete des deutschen Rechtes in Betracht kommen (§§ 627, 942 ZPO.), wird die Voraussetzung, daß die Anordnung dieser Maßnahmen durch das Gericht der Hauptsache zu erfolgen habe, für ausländische Ehegatten, die in Deutschland wohnen und dort nicht klagen können, durch das Abkommen beseitigt und die Zuständigkeit des Gerichtes ohne weiteres begründet. (Den Inhalt der zutreffenden vorläufigen Maßnahmen bestimmen lediglich die deutschen Gesetze.) (Denkschr. II 42.)

Nach deutschem Rechte steht dem Scheidungsurteile eines inländischen Gerichtes das eines ausländischen nur dann gleich, wenn es nach § 328 ZPO. in Deutschland anzuerkennen ist. (Die durch den zit. Paragraphen sanktionierte Gleichstellung der Erfordernisse der einfachen Anerkennung der res judicata und der Vollstreckung [vgl. v. Bar in v. Holtzendorff-Kohlers Enzyklopädie II S. 41 f.] kommt für sein Verhältnis zu Art. 7 des Abkommens zunächst nicht in Betracht.) Die Erfordernisse des die materielle Rechtskraft ausländischer Ehescheidungsurteile regelnden § 328 ZPO., die nicht etwa nur als Einrede geltend zu machen, vielmehr von Amts wegen gerichtsseitig zu beachten sind und für die der Kläger den Beweis ihres Vorhandenseins führen muß, werden im einzelnen durch das Abkommen modifiziert. Für seinen Geltungsbereich müssen nicht mehr, wie nach Abs. 1 Nr. 1 des zit. Paragraphen, die Gerichte des ausländischen Staates nach den deutschen Gesetzen zuständig sein, sondern nach den Zuständigkeitsvorschriften des Abkommens. Ausdrücklich aufrechterhalten wird der Abs. 1 Nr. 1 (nur zugunsten einer deutschen Partei) gemachte Vorbehalt (Zustellung bei Versäumnisurteilen). Die, mit Rücksicht auf das interne deutsche internationale Privatrecht Abs. 1 Nr. 3

des zitierten Paragraphen gemachte Ausnahme der Anerkennung entspricht im allgemeinen den Art. 1, 2 des Abkommens, wird aber (in Ansehung des § 17 Abs. 1 EG.) durch Art. 8 für einzelne Fälle abgeändert. Der Abs. 1 Nr. 4 ausdrücklich ausgesprochene Vorbehalt der öffentlichen Ordnung (der zudem durch seine Fassung [Zweck [nicht Wortlaut] eines deutschen Gesetzes] manche Unsicherheit bedingte) ist im allgemeinen für den Geltungsbereich des Abkommens außer Anwendung gesetzt und insofern auch für dieses ohne Bedeutung, weil durch Art. 1, 2 Konkordanz des Heimatrechtes und des Ortsrechtes erfordert wird. Die nach Abs. 1 Nr. 5 des zit. Paragraphen erforderte Gegenseitigkeit wird durch das Abkommen verbürgt. (Denkschr. II 43.)

Soweit nach § 55 PersstG. (Vgl. auch S. 13f.) (Vermerkung der Nichtigkeitserklärung, Feststellung des Nichtbestehens der Ehe) Scheidung und Aufhebung der ehelichen Gemeinschaft auf Grund der Vorlage einer Ausfertigung des rechtskräftigen Urteils erfolgt, ist sie auf Grund des Urteils eines ausländischen Gerichtes nur dann zulässig, wenn das Urteil nach den (durch das Abkommen für seinen Geltungsbereich modifizierten) Bestimmungen des § 328 ZPO. im Reiche anzuerkennen ist, und eines Vollstreckungsurteils eines deutschen Gerichtes bedarf es nicht. Die Eintragung erfolgt nur auf Antrag eines Beteiligten, mit dem gleichzeitig eine mit dem Zeugnis der Rechtskraft versehene Ausfertigung des ausländischen Urteils vorzulegen ist (Sartorius S. 366).

Seine Majestät der Deutsche Kaiser, König von Preußen, im Namen des Deutschen Reichs, Seine Majestät der Kaiser von Österreich, König von Böhmen usw. und Apostolischer König von Ungarn, Seine Majestät der König der Belgier, Seine Majestät der König von Spanien, der Präsident der Französischen Republik, Seine Majestät der König von Italien, Seine Königliche Hoheit der Großherzog von Luxemburg, Herzog zu Nassau, Ihre Majestät die Königin der Niederlande, Seine Majestät der König von Portugal und Algarvien usw., Seine Majestät der König von Rumänien, Seine Majestät der König von Schweden und Norwegen, im Namen Schwedens, und der Schweizerische Bundesrat:

von dem Wunsche geleitet, gemeinsame Bestimmungen zur Regelung des Geltungsbereichs der Gesetze und der Gerichtsbarkeit auf dem Gebiete der Ehescheidung und der Trennung von Tisch und Bett zu treffen,

sind übereingekommen, zu diesem Zwecke ein Abkommen zu schließen, und haben zu Ihren Bevollmächtigten ernannt:

(Namen).

Artikel 1.

Die Ehegatten können eine Scheidungsklage nur dann erheben, wenn sowohl das Gesetz des Staates, dem sie angehören (Gesetz des Heimatstaats), als auch das Gesetz des Ortes, wo geklagt wird, die Scheidung zulassen[1]).

Das Gleiche gilt für die Trennung von Tisch und Bett[2]).

1. Das Rechtsinstitut der Scheidung als solches muß sowohl vom nationalen wie vom Domizilstaate der Ehe-

gatten anerkannt werden, und Voraussetzung für die Erhebung einer Ehescheidungsklage innerhalb des Geltungsbereiches des Abkommens ist, daß hierüber Konkordanz der Gesetze des Heimatstaates der Ehegatten und der Gesetze des Ortes, wo geklagt wird, besteht.

2. Wenn Abs. 2 denselben Grundsatz für die Trennung von Tisch und Bett feststellt, soll dieses Rechtsinstitut keineswegs damit dem der Scheidung gleichgestellt werden: es muß also entweder die Scheidung oder die Trennung von Tisch und Bett beiden im Abs. 1 bezeichneten Gesetzen als Rechtsinstitut gemeinsam sein.

3. In Deutschland kann auf Grund eines ausländischen Gesetzes, das nur Trennung von Tisch und Bett, aber nicht Scheidung zuläßt, selbst die Aufhebung der ehelichen Gemeinschaft von deutschen Gerichten nicht verfügt werden. Das ist (für den Geltungsbereich des Art. 17 EG.) von manchen Schriftstellern bestritten worden. Indessen ist es durch die rechtliche Natur der Aufhebung der ehelichen Gemeinschaft r. Ansicht nach wohl begründet, daß der Gesetzgeber sie auch hier der Scheidung gleichstellt. Das Urteil auf Aufhebung der ehelichen Gemeinschaft ist auf Antrag in ein Scheidungsurteil umzuwandeln. Würde also auf Grund eines ausländischen Gesetzes, das nur Trennung zuläßt, Aufhebung der ehelichen Gemeinschaft zulässig sein, so wäre durch einen Antrag derselbe rechtliche Erfolg herbeizuführen, der durch das deutsche Gesetz und das Abkommen ausgeschlossen werden sollte. (Über die Anordnung vorläufiger Maßnahmen für die Aufhebung der ehelichen Gemeinschaft vgl. Art. 6.)

Artikel 2.

Auf Scheidung kann nur dann geklagt werden, wenn sie in dem zu beurteilenden Falle sowohl nach dem Gesetze des Heimatstaats der Ehegatten als auch nach dem Gesetze des Ortes, wo geklagt

wird, sei es auch aus verschiedenen Gründen, zulässig ist[1]).

Das Gleiche gilt für die Trennung von Tisch und Bett[2]).

1. Die im Art. 1 grundsätzlich für die Scheidung als solche erforderte Übereinstimmung des Heimat- mit dem Ortsrechte wird durch Art. 2 dahin gemildert, daß nicht eine Übereinstimmung der beiden Gesetze bezüglich der Ehescheidungsgründe (d. h. der Tatsachen, aus denen jeweilig das Recht auf Scheidung erwächst) verlangt wird. Es genügt vielmehr, daß ein Grund vorliege nach der lex patriae und ein anderer nach der lex domicilii, wofern nur nach beiden Rechten die Scheidung zulässig ist.

2. Auch für die Trennung von Tisch und Bett genügt es, daß sie nach beiden Rechten, wenn auch aus verschiedenen Gründen, zulässig ist.

3. (Abs. 1 erlitt auf Grund diplomatischer Unterhandlungen eine Änderung.)

Artikel 3.

Ungeachtet der Bestimmungen der Artikel 1, 2 ist das Gesetz des Heimatstaats allein maßgebend, wenn das Gesetz des Ortes, wo geklagt wird, dies vorschreibt oder gestattet.

1. Ausnahmebestimmung von dem in den Art. 1, 2 aufgestellten Grundsatze, daß das Heimatrecht mit dem Ortsrechte übereinstimmen muß, insofern, als nach Art. 3 das Ortsrecht das Heimatrecht als allein maßgebend bezeichnen kann. (In Italien werden Scheidungsklagen ausländischer Ehegatten, wenn ihre lex patriae sie gestattet, angenommen, während das italienische Recht das Institut der Ehescheidung nicht kennt.)

Artikel 4.

Das in den vorstehenden Artikeln bezeichnete Gesetz des Heimatstaats[1]) kann nicht angerufen werden, um einer Tatsache, die sich ereignet hat, während die Ehegatten oder einer von ihnen einem anderen Staate angehörten[2]), die Wirkung eines Scheidungs- oder[3]) Trennungsgrundes zu verleihen.

1. Ausnahmebestimmung von dem in den Art. 1, 2 aufgestellten Grundsatze für den besonderen Fall des Wechsels der Staatsangehörigkeit beider Ehegatten oder eines von ihnen.

2. Eine Tatsache, die sich ereignet hat, während die Ehegatten oder einer von ihnen einem anderen Staate angehörten, kann nach der lex patriae der Ehegatten nicht ein Recht auf Scheidung oder Trennung begründen, entgegen der früheren lex patriae, es bleibt vielmehr diese für die Beurteilung maßgebend, ob eine unter seiner früheren Herrschaft entstandene Tatsache als Tatbestand eines die Scheidung oder Trennung rechtfertigenden Ehevergehens anzusehen ist.

3. Gleichstellung der Scheidungs- mit den Trennungsgründen, so daß, soweit dieser Artikel in Frage kommt, auf Grund eines früheren Scheidungsgrundes die Trennung (und umgekehrt) ausgesprochen werden kann.

Artikel 5.

Die Klage auf Scheidung oder auf Trennung von Tisch und Bett kann erhoben werden[1]):

1. vor der nach dem Gesetze des Heimatstaats der Ehegatten zuständigen Gerichtsbarkeit[2]);

2. vor der zuständigen Gerichtsbarkeit des Ortes, wo die Ehegatten ihren Wohnsitz haben[3]). Wenn die Ehegatten nach der Gesetzgebung ihres Heimatstaats nicht denselben Wohnsitz haben, so ist die Gerichtsbarkeit des Wohnsitzes des Beklagten zuständig. Im Falle der böslichen Verlassung oder im Falle einer Verlegung des Wohnsitzes nach dem Eintritte des Scheidungs- oder Trennungsgrundes kann die Klage auch vor der zuständigen Gerichtsbarkeit des letzten gemeinsamen Wohnsitzes erhoben werden[4]). — Die Gerichtsbarkeit des Heimatstaats ist allein berufen, soweit sie für die Scheidungs- oder Trennungsklage ausschließlich zuständig ist. Doch bleibt die fremde Gerichtsbarkeit zuständig für eine Ehe, in Ansehung deren die Scheidungs- oder Trennungsklage vor der zuständigen Gerichtsbarkeit des Heimatstaats nicht erhoben werden kann[5]).

1. Die verschiedenartig geordnete Kompetenz der Gerichte zur Behandlung von Ehescheidungsklagen (vgl. Meili, Das internationale Zivilprozeßrecht 223 f.) machte es notwendig, über die Rechtsprechung (und die Form) für den Geltungsbereich des Abkommens besondere Bestimmungen zu treffen. Durch diese werden keine besonderen Formen begründet oder geschaffen, es wird vielmehr (auf der Grundlage der in den Vertragsstaaten geltenden Gesetze) die Zuständigkeit der Gerichtsbarkeit auf dem Gebiete der Ehescheidung und Trennung von der betreffenden Gesetzgebung abhängig gemacht, was

man (mit Meili) als eine prozeßrechtliche Verweisung bezeichnen könnte, und es wird damit die Durchführung der im Art. 7 den Vertragsstaaten auferlegten Verpflichtung ermöglicht.

2. Grundsätzlich zuständig für die Gerichtsbarkeit auf dem Gebiete der Ehescheidung und Trennung ist der Heimatstaat der Ehegatten (Ausnahme dieser Regel: Schlußsatz des Artikels).

3. Insoweit aber deren Gesetz eine ausschließliche Gerichtsbarkeit nicht beansprucht, kann die Klage auch vor der zuständigen Gerichtsbarkeit des Ortes, wo die Ehegatten ihren Wohnsitz haben, erhoben werden, und es ist diese Gerichtsbarkeit jedenfalls zuständig für solche Ehen, in Ansehung deren Scheidungs- oder Trennungsklage vor der Gerichtsbarkeit des Heimatstaates überhaupt nicht erhoben werden kann (Schlußsatz des Artikels).

4. Oder vor der an sich zuständigen Gerichtsbarkeit des neuen Wohnsitzes des Beklagten.

5. Es handelt sich nur um solche Ehen, die, wie in den Fällen des Art. 3 Abs. 1, des Art. 5 Abs. 2, des Art. 6 Abs. 2 des Abkommens über die Eheschließung, nicht als gültig anerkannt werden und daher durch dessen Behörden nicht geschieden oder getrennt werden können, nicht aber etwa um Ehen, für deren Scheidung oder Trennung nach der lex patriae der Ehegatten ein örtlicher Gerichtsstand nicht begründet ist.

Artikel 6.

Falls die Ehegatten nicht berechtigt sind, eine Scheidungs- oder Trennungsklage in dem Lande ihres Wohnsitzes zu erheben[1]), kann sich gleichwohl jeder von ihnen an die zuständige Gerichtsbarkeit dieses Landes wenden, um die vorläufigen Maßnahmen zu erwirken, die in dessen Gesetzgebung für die Aufhebung der ehelichen Lebensgemeinschaft vorgesehen sind[2]). Diese Maßnahmen bleiben aufrecht erhalten, wenn sie innerhalb eines Jahres durch die Gerichtsbarkeit des Heimatstaats bestätigt werden[3]); sie bleiben nicht länger bestehen, als es das Gesetz des Wohnsitzes gestattet.

1. Wofern eine Konkordanz der im Lande ihres Wohnsitzes geltenden Gesetze über das materielle Scheidungs- (bzw. Trennungs-) Recht mit ihrer lex patriae nicht besteht (vgl. Art. 1) oder die Gerichte des Landes ihres Wohnsitzes die Gerichtsbarkeit ausschließlich für sich beanspruchen.

2. Eine solche Bestimmung erscheint auch erwünscht, „weil die an sich zuständige Gerichtsbarkeit des Heimatstaates häufig nicht rechtzeitig angerufen werden kann". (Denkschr. II S. 42.)

3. Die Maßnahmen der Ortsbehörden unterliegen also derart der Verfügung des Heimatstaates, daß sie von dessen Behörden bestätigt oder aufgehoben werden können und mangels einer in Jahresfrist erfolgenden Bestätigung ohne weiteres wegfallen, wofern nicht das Gesetz des Wohnsitzes für ihre Aufrechterhaltung eine kürzere Zeit vorsieht.

Artikel 7.

Die Scheidung und die Trennung von Tisch und Bett, die durch ein nach Artikel 5 zuständiges Gericht ausgesprochen werden, sind überall anzuerkennen, vorausgesetzt, daß die Bestimmungen dieses Abkommens beobachtet worden sind, und daß im Falle eines Versäumnisurteils die Ladung des Beklagten entsprechend den besonderen Vorschriften erfolgt ist, die das Gesetz seines Heimat-

staats für die Anerkennung ausländischer Urteile erfordert[1][2]).

In gleicher Weise sind überall anzuerkennen die Scheidung und die Trennung von Tisch und Bett, die von einer Verwaltungsgerichtsbarkeit[3]) **ausgesprochen werden, vorausgesetzt, daß das Gesetz eines jeden der Ehegatten eine solche Scheidung oder Trennung anerkennt**[4]).

1. Art. 7 verpflichtet die Vertragsstaaten zur Anerkennung einer in dem Vertragsgebiete ausgesprochenen Scheidung (bzw. Trennung) unter den von ihm bezeichneten Voraussetzungen, wobei er zwischen Entscheidungen der Gerichte und der Vertragsbehörden unterscheidet.

2. Handelt es sich um erstere, so müssen von dem (nach Art. 5) zuständigen Gerichte die materiellrechtlichen Kollisionsnormen des Abkommens (Art. 1, Art. 2) beobachtet sein, und wofern ein Versäumnisurteil ergangen ist, muß die Ladung des Beklagten entsprechend denjenigen Vorschriften erfolgt sein, die seine lex patriae für die Anerkennung ausländischer Urteile erfordert.

3. Handelt es sich um letztere, so kommt noch als weitere Voraussetzung hinzu, daß die lex patriae jedes der beiden Ehegatten eine Verwaltungsgerichtsbarkeit für die Scheidung (bzw. Trennung) anerkennt.

In Hinsicht auf Art. 2 Abs. 3 des Abkommens über die Eheschließung ist kein Vertragsstaat durch das Abkommen über die Ehescheidung verpflichtet, wegen der Anerkennung der Scheidung durch seine Behörden bei der Wiederverheiratung eines der geschiedenen Ehegatten mitzuwirken. „Auch schließt der Artikel nicht aus, daß eine seinen Bestimmungen zuwider ergangene Scheidung oder Trennung in einzelnen Vertragsstaaten anerkannt wird.“ (Denkschr. III 43.)

4. Da das deutsche Recht nur gerichtliche Urteile anerkennt, bleibt (auf Grund des hier zugunsten der lex patriae gemachten Vorbehaltes) eine Scheidung deutscher Ehegatten durch vertragsstaatliche Verwaltungsbehörden ausgeschlossen.

Artikel 8.

Wenn die Ehegatten nicht dieselbe Staatsangehörigkeit besitzen, so ist ihr letztes gemeinsames Gesetz als das Gesetz ihres Heimatstaats im Sinne der vorstehenden Artikel anzusehen[1)2)3)].

1. Der Artikel, der grundsätzlich beide Ehegatten in Beziehung auf alle vorhergehenden Artikel, also sowohl hinsichtlich des materiellen Scheidungs- (Trennungs-) Rechtes als auch hinsichtlich der Abgrenzung der Gerichtsbarkeit, gleichstellen will, soll insbesondere verhüten, daß nicht ein Ehegatte durch einen nur in seiner Person erfolgenden Wechsel der Staatsangehörigkeit den anderen Ehegatten in eine rechtlich ungünstigere Lage bringen kann. Er regelt daher die Frage, welches Gesetz die lex patriae im Sinne des Abkommens ist, wenn die Ehegatten verschiedenen Staaten angehören, dahin, daß in diesem Falle ihr letztes gemeinsames Gesetz als das Gesetz ihres Heimatstaates im Sinne des Abkommens anzusehen ist.

2. Haben die Ehegatten überhaupt nicht eine gemeinsame Staatsangehörigkeit besessen, so kommt das Abkommen, mangels der von ihm erforderten lex patriae, nicht zur Anwendung.

3. Haben die Ehegatten in keinem Vertragsstaate eine gemeinsame Staatsangehörigkeit besessen, so kommt gleichfalls das Abkommen nicht zur Anwendung, mangels der von ihm erforderten lex patriae, die in seinem Sinne aber das Heimatgesetz eines Vertragsstaates sein muß (Art. 9 Abs. 2). Indessen werden, wie Denkschr. II

43 hervorhebt, Fälle dieser Art nur selten vorkommen können, da zurzeit nach dem Rechte aller Vertragsstaaten die Frau durch die Verheiratung die Staatsangehörigkeit des Mannes erwirbt.

4. Wegen der Personen mit mehrfacher Staatsangehörigkeit vgl. S. 7.

Artikel 9.

Dieses Abkommen findet nur auf solche Scheidungs- und Trennungsklagen Anwendung, welche in einem der Vertragsstaaten erhoben werden, und zwar nur dann, wenn mindestens eine der Parteien einem dieser Staaten angehört.

Kein Staat verpflichtet sich durch dieses Abkommen zur Anwendung eines Gesetzes, welches nicht dasjenige eines Vertragsstaats ist[1]).

1. Vgl. Art. 8 des Abkommens über die Eheschließung.

Artikel 10.

Dieses Abkommen, das nur auf die europäischen Gebiete der Vertragsstaaten Anwendung findet, soll ratifiziert und die Ratifikationsurkunden sollen im Haag hinterlegt werden, sobald die Mehrzahl der Hohen vertragschließenden Teile hierzu in der Lage ist.

Über die Hinterlegung soll ein Protokoll aufgenommen werden; von diesem soll eine beglaubigte Abschrift auf diplomatischem Wege einem jeden der Vertragsstaaten mitgeteilt werden.

1. Vgl. Art. 9 des Abkommens über die Eheschließung.

Artikel 11.

Denjenigen Staaten, welche auf der dritten Konferenz über internationales Privatrecht vertreten waren, dieses Abkommen aber nicht gezeichnet haben, soll der vorbehaltlose Beitritt zu dem Abkommen freistehen.

Der Staat, welcher beizutreten wünscht, hat spätestens am 31. Dezember 1904 seine Absicht in einer Urkunde anzuzeigen, die im Archiv der Regierung der Niederlande hinterlegt wird. Diese wird eine beglaubigte Abschrift davon auf diplomatischem Wege einem jeden der Vertragsstaaten übersenden.

Artikel 12.

Dieses Abkommen tritt am sechzigsten Tage nach der Hinterlegung der Ratifikationsurkunden oder nach dem Zeitpunkte der Anzeige von einem Beitritt in Kraft[1]).

1. Vgl. Art. 11 des Abkommens über die Eheschließung.

Artikel 13.

Dieses Abkommen gilt für die Dauer von fünf Jahren, gerechnet von dem Zeitpunkte der Hinterlegung der Ratifikationsurkunden.

Mit diesem Zeitpunkte beginnt der Lauf der Frist auch für diejenigen Staaten, welche die Hinterlegung erst nach diesem Zeitpunkte bewirken oder erst später beitreten.

In Ermangelung einer Kündigung gilt das Abkommen als stillschweigend von fünf zu fünf Jahren erneuert.

Die Kündigung muß wenigstens sechs Monate vor dem Ablaufe des Zeitraums, der in den vorstehenden Absätzen bezeichnet ist, der Regierung der Niederlande zugestellt werden, die hiervon allen anderen Vertragsstaaten Kenntnis geben wird.

Die Kündigung soll nur in Ansehung des Staates wirksam sein, der sie erklärt hat. Für die übrigen Staaten bleibt das Abkommen in Kraft.

Zu Urkund dessen haben die Bevollmächtigten dieses Abkommen unterzeichnet und mit ihren Siegeln versehen.

Geschehen im Haag am zwölften Juni neunzehnhundertundzwei in einem einzigen Exemplare, das im Archive der Regierung der Niederlande hinterlegt wird, und wovon eine beglaubigte Abschrift auf diplomatischem Wege einem jeden der Staaten übergeben werden soll, welche auf der dritten Konferenz über internationales Privatrecht vertreten waren.

(Unterschriften.)

IV.

(Übersetzung.)

Abkommen zur Regelung der Vormundschaft über Minderjährige.

Vom 12. Juni 1902. (RGBl. 1904 S. 240.)

Das Abkommen soll für seinen Geltungsbereich einheitliche Regeln aufstellen für die Entscheidung der Frage, welchen Staates Recht in Ansehung einer Vormundschaft über Minderjährige, die Angehörige eines Vertragsstaates sind, anzuwenden ist, wenn sich die Beziehungen des Mündels auf mehrere Staaten erstrecken, d. h. wenn dieser seinen Wohnsitz (bzw. seinen gewöhnlichen Aufenthalt) nicht in dem Lande hat, dessen Staatsangehöriger er ist, oder wenn sich sein Vermögensbesitz außerhalb des bezeichneten Staates befindet.

Die Bestimmungen des Abkommens werden von der grundsätzlichen Anschauung beherrscht, daß ein einheitliches Recht die Fürsorge für die Person und das Vermögen des Minderjährigen regeln müsse und daß der nationale Staat nicht nur das Recht, sondern auch die Pflicht der Fürsorge für seine sich im Auslande aufhaltenden Angehörigen habe. (Art. 1, 2.) Nur wenn er diese Pflicht nicht erfüllt und eine solche notwendige Vormundschaft nicht einleitet, können die lokalen Behörden des Staates, in welchem der Mündel seinen gewöhnlichen Aufenthalt hat, dies tun, wobei sie allerdings an die nationalen

Gründe gebunden bleiben und wobei den Behörden des Heimatstaates die Befugnis, noch nachträglich jederzeit die Fürsorge zu übernehmen, vorbehalten bleibt. Im übrigen aber sollen die ausländischen Behörden die Vormundschaft grundsätzlich nach den Vorschriften führen, welche das Recht des Vormundschaftsgerichtes gibt, und nur in den im Art. 5 bezeichneten Fällen soll die lex patriae maßgebend sein. Damit sind hier kollisionsrechtliche Normen im gleichen Sinne formuliert worden, wie durch das Abkommen über die Entmündigung, was mehr noch als durch seinen Wortlaut durch seine Entstehungsgeschichte (actes 1894 112, 1900 103) zum Ausdruck gebracht wird, und insbesondere ist auch ausdrücklich hervorgehoben worden, daß sich die jeweilige Vormundschaft stets (Ausnahme: Art. 6 Abs. 2) über das in einem anderen Staate befindliche Vermögen des Mündels erstrecke. (Art. 6 Abs. 1 in Übereinstimmung mit dem deutschen internen internationalen Privatrechte.) Außerdem werden besondere Schutzmaßregeln für die im Auslande befindlichen Minderjährigen in den Art. 7, 8 des Abkommens vorgesehen. Der Geltungsbereich des Abkommens ist durch Art. 9 umgrenzt und damit das interne internationale Privatrecht jeden Staates hinsichtlich derjenigen Mündel, deren Vormundschaft das Abkommen nicht regelt, von dessen Vorschriften unberührt gelassen. Im übrigen herrscht im wesentlichen Übereinstimmung zwischen den Vorschriften des Abkommens und denen der deutschen Reichsgesetzgebung (Art. 23 EG.; § 47 ZPO.), nur daß Art. 30 EG. grundsätzlich für den Geltungsbereich des Abkommens durch dasselbe außer Anwendung gesetzt wird (Denkschr. II 45) und Art. 23 EG. durch Art. 7 des Abkommens insoweit erweitert wird, als vorläufig Maßregeln auch getroffen werden können, wenn die Vormundschaft im Auslande angeordnet wird. (Die Zuständigkeit der Gerichte bestimmt sich nach §§ 37, 44 FrGG.)

Nach Art. 23 EG. besteht die Befugnis des Deutschen Reiches, für in Deutschland befindliche Ausländer eine Vormundschaft zu bestellen, wofern der Heimatstaat nicht fürsorgend eintritt. Der § 36 Abs. 2 FrGG. geht zunächst von der Annahme aus, daß für einen Deutschen, der seinen Wohnsitz (bzw. gewöhnlichen Aufenthalt) im Auslande hat, die Vormundschaft bei dem deutschen Gerichte des letzten inländischen Wohnsitzes zu bestellen ist, es kann jedoch gemäß § 47 zit. Gesetzes die Anordnung der deutschen Vormundschaft unterbleiben, wenn die erforderliche Vormundschaft im Auslande angeordnet worden ist, und es kann auch die bereits im Deutschen Reiche angeordnete Vormundschaft an den Staat des Wohn- (bzw. Aufenthalts-) Ortes abgegeben werden, sodaß, wofern die Behörden des anderen Vertragsstaates einverstanden sind (vgl. Art. 3 des Abkommens), die deutschen Behörden sowohl die Vormundschaft über einen Deutschen dem Lande seines Aufenthaltes überlassen als auch (gemäß Art. 23 EG.) die Vormundschaft über einen sich in Deutschland aufhaltenden Ausländer übernehmen können. Jedoch bleiben vom Standpunkte des deutschen Rechtes die Vorschriften des Art. 7 Abs. 3 EG. über die Geschäftsfähigkeit der Ausländer durch Art. 5 des Abkommens unberührt (vgl. Denkschr. II 48).

Seine Majestät der Deutsche Kaiser, König von Preußen, im Namen des Deutschen Reichs, Seine Majestät der Kaiser von Österreich, König von Böhmen usw. und Apostolischer König von Ungarn, Seine Majestät der König der Belgier, Seine Majestät der König von Spanien, der Präsident der Französischen Republik, Seine Majestät der König von Italien, Seine Königliche Hoheit der Großherzog von Luxemburg, Herzog zu Nassau, Ihre Majestät die Königin der Niederlande, Seine Majestät der König von Portugal und Algarvien usw., Seine Majestät der König von Rumänien, Seine Majestät der König von Schweden und Norwegen, im Namen Schwedens, und der Schweizerische Bundesrat:

von dem Wunsche geleitet, gemeinsame Bestimmungen zur Regelung der Vormundschaft über Minderjährige zu treffen,

sind übereingekommen, zu diesem Zwecke ein Abkommen zu schließen, und haben zu Ihren Bevollmächtigten ernannt:

(Namen)

Artikel 1.

Die Vormundschaft über einen Minderjährigen bestimmt sich nach dem Gesetze des Staates, dem er angehört (Gesetz des Heimatstaats)[1] [2] [3] [4].

1. Art. 1 stellt, gemäß dem Prinzipe, welches die Einheitlichkeit der Vormundschaft in Hinsicht des Personalstatuts der bevormundeten Person anerkennt, die grundsätzliche Regel auf, daß (zunächst) die lex patriae eines Minderjährigen über eine für ihn in Betracht kommende Vormundschaft entscheidend ist und diese nach seinem heimatlichen Gesetze geregelt werden soll. Da die Vormundschaft eine Einrichtung besonderer Fürsorge für die Person des bevormundeten Minderjährigen und für sein Vermögen mit Rücksicht auf seine Person ist, so folgt aus der im Art. 1 ausgesprochenen grundsätzlichen Regel, daß das Heimatrecht des Mündels entscheidend ist für alle Fragen, für deren gesetzliche Regelung hauptsächlich

das Interesse des Mündels entscheidend ist (vgl. Denkschrift II S. 45). Die lex patriae ist maßgebend, inwieweit ein Vormund seine Befugnisse auf ein Dekret der Staatsbehörde (die Obervormundschaft) zurückführt, und für die Zuständigkeit dieser Behörden, die ihnen obliegende Aufsicht, die Formen des Verfahrens usw., inwieweit ferner der Vormund nicht mittelbar von einer Behörde auf Grund eines Gesetzes ernannt wird, sondern unmittelbar kraft Gesetzes eintritt; ob jemand als gesetzlicher Vormund berufen, ob der Vater des Mündels und andere Personen einen Vormund zu ernennen befugt sind (vgl. Art. 8 Abs. 2 des Abkommens über die Entmündigung), ob jemand zum Vormund bestellt werden darf und ob der Vormund als ungeeignet zu entlassen ist. Die lex patriae der bevormundeten Person regelt endlich die Bestimmungen über die Führung der Vormundschaft, die Verpflichtungen des Vormundes usw., so daß ein im Heimatsstaate des Mündels bestellter Vormund, ohne einer besonderen Autorisation zu bedürfen, mit Gültigkeit in Gemäßheit der Gesetze seines Staates Rechtshandlungen vornehmen kann.

2. Die Verpflichtung zur Übernahme einer Vormundschaft ist eine allgemeine staatsbürgerliche Last und kann deshalb vom Staate nur von denjenigen gefordert werden, die dauernd seinem Verbande angehören, der sie aber möglicherweise, aber freilich auch nur in ganz gleichem Umfange wie zugunsten inländischer Mündel fordern kann zugunsten von Mündeln, die dem Auslande angehören und unter den gleichen Voraussetzungen, welche für inländische Vormundschaften gelten. Daraus folgt, daß hier die lex patriae der angeblich verpflichteten Person entscheidet und daß, da genau betrachtet, schon der möglichen Veränderungen der Gesetzgebungen wegen die Verpflichtung gegenüber einem ausländischen vormundschaftlichen Gerichte nie ganz gleich ist der Verpflichtung, welche eine inländische Vormundschaft auf-

erlegt, eine ausländische Vormundschaft, streng genommen, stets abgelehnt werden kann. Ist die Vormundschaft aber einmal übernommen, so muß über den Umfang der daraus resultierenden Verpflichtungen stets das am Sitze des obervormundschaftlichen Gerichtes (erster Instanz) geltende Recht entscheiden (v. Bar). Auch im Sinne des Art. 1 ist es, daß das Heimatrecht des Mündels als solches nicht den Ausschlag geben darf in Fragen, in denen noch die Interessen anderer Personen neben denen des Mündels in Frage kommen, wofern ein zum Vormunde Berufener die Übernahme des Amtes ablehnt. (Ob das gleiche zutreffend ist für die Entscheidung der Frage, ob ein Vormund seine Entlassung verlangen darf, wie Denkschr. I 45 will, scheint zweifelhaft. Jedenfalls ist die eben zitierte Ansicht v. Bars diejenige, die im Sinne des Abkommens die von diesem gewollte Rechtssicherheit auf internationalem Boden fördert, insbesondere auch deshalb, weil sich aus dem Abkommen eine Verpflichtung zur Übernahme des Amtes nicht herleiten läßt, wenn die Behörde eines Vertragsstaates zum Vormunde eines seiner Angehörigen eines anderen Vertragsstaates Angehörigen erwählt. Im übrigen wird z. Zt. noch immer von den Schriftstellern [insbesondere den französischen] bestritten, daß auch Ausländer zur Übernahme einer Vormundschaft befähigt sind.)

3. Mangels einer besonderen Bestimmung des Abkommens ist bei streitiger oder ungewisser Staatsangehörigkeit eines Minderjährigen, sowie für den Fall, daß er mehrerer Staaten Angehöriger ist, die Entscheidung dem internen internationalen Privatrechte und den allgemeinen Grundsätzen des Staatenrechtes überlassen. Vgl. S. 7.

4. Wechselt während der Dauer der Vormundschaft die Staatsangehörigkeit des Mündels, so ist (mangels einer ausdrücklichen Vorschrift des Abkommens nach Art. 1 desselben) das Gesetz des Landes, dessen nun-

mehriger Angehöriger der Minderjährige ist, für die Vormundschaft bestimmend. „Jedoch tritt das neue Heimatrecht nicht ohne weiteres an die Stelle des früheren, vielmehr bedarf es zu dem Behufe zunächst der Anordnung der Vormundschaft auf Grund des neuen Gesetzes." Anderseits kann es, wenn der Unmündige seinen Aufenthalt in dem Staate, dem er früher angehörte, beibehält, erwünscht sein, entgegen der Regel des Art. 1, die Vormundschaft dort weiterzuführen. Inwieweit sich hierzu die Möglichkeit bietet, ist aus Art. 3 zu entscheiden. (Vgl. Denkschr. II 46.)

Artikel 2.

Sieht das Gesetz des Heimatstaats für den Fall, daß der Minderjährige seinen gewöhnlichen Aufenthalt im Auslande hat, die Anordnung einer Vormundschaft im Heimatlande nicht vor, so kann der von dem Heimatstaate des Minderjährigen ermächtigte diplomatische oder konsularische Vertreter gemäß dem Gesetze dieses Staates die Fürsorge übernehmen, sofern der Staat, in dessen Gebiete der Minderjährige seinen gewöhnlichen Aufenthalt hat, dem nicht widerspricht[1])[2]).

1. In vielen Konsularverträgen wird den Konsuln die Ausübung gewisser obervormundschaftlicher Befugnisse in Ansehung derjenigen zu bevormundenden Personen beigelegt, die dem Staate angehören, dessen Vertreter der Konsul in dem auswärtigen Staate ist. Art. 2 gewährleistet darum den Vertragsstaaten für den Fall, daß über einen Minderjährigen, der seinen gewöhnlichen Aufenthalt im Auslande hat, in seinem Heimatstaate die Vormundschaft nicht angeordnet wird, die Möglichkeit, durch den von ihnen ermächtigten diplomatischen oder

konsularischen Vertreter diese anordnen zu lassen, sofern der Minderjährige Angehöriger des Staates ist, dessen Vertreter die Vormundschaft anordnet, wofern diese Anordnung nach den Gesetzen des Staates, dessen Vertreter er ist, erfolgt und insoweit der Staat, in dem sich der Minderjährige gewöhnlich aufhält, nicht widerspricht. In diesem Falle findet auf die Vormundschaft in jeder Hinsicht die lex patriae des Minderjährigen Anwendung.

2. Die deutsche Reichsgesetzgebung weist (abgesehen von den Gebieten der Konsulargerichtsbarkeit) ihren auswärtigen Beamten durch allgemeine gesetzliche Vorschrift die Obliegenheiten der Obervormundschaftsbehörde nicht zu.

Artikel 3.

Falls eine Vormundschaft gemäß den Bestimmungen des Artikel 1 oder des Artikel 2 nicht angeordnet ist[1]) oder nicht angeordnet werden kann[2]), so ist für die Anordnung und die Führung der Vormundschaft über einen Minderjährigen, der seinen gewöhnlichen Aufenthalt[3]) im Auslande hat, das Gesetz des Aufenthaltsorts maßgebend[4])[5]).

1. Aus dem Gesichtspunkte, daß, solange der Heimatstaat nicht fürsorgend eintritt, trotzdem nach Art. 1 grundsätzlich die Staatsangehörigkeit entscheidet, die Befugnis, den Minderjährigen in dem Lande zu bevormunden, in dem er seinen gewöhnlichen Aufenthalt hat, diesem Lande zusteht, behält Art. 3 eine Anordnung der Vormundschaft den Vertragsstaaten für diesen Fall vor und stellt eine solche Vormundschaft dann in jeder Hinsicht unter die Herrschaft der bei ihnen geltenden Gesetze. (Nur für Beginn und Beendigung der Vormundschaft bleibt die lex patriae entscheidend. Art. 5.)

2. Die Gründe, aus denen der Heimatstaat die Fürsorge nicht übernimmt, können verschiedenster Art sein.

Es können sowohl Hindernisse rechtlicher Natur sein als auch eine Versäumnis oder eine an sich unbegründete Weigerung der Heimatsbehörden des Fürsorgebedürftigen. In jedem Falle haben die Behörden des Landes, in dem sich dieser aufhält, von Amts wegen zu prüfen, ob der Heimatstaat die Fürsorge ablehnt.

3. Wo sich sein gesetzlicher Wohnsitz befindet, kommt dabei nicht in Betracht.

4. Durch Art. 3 ist die Möglichkeit gegeben, insbesondere die Interessen des Mündels wahrzunehmen, denen die Abstandnahme von der Einrichtung einer Vormundschaft durch die Behörden seines Heimatstaates z. B. in dem Falle entsprechen würde, daß er in dem Lande, in dem er seinen gewöhnlichen Aufenthaltsort hat, ein Erwerbsgeschäft besitzt oder daß eine dort wohnende mit ihm verwandte Person zum Vormund bestellt werden soll usw. Hier läßt Art. 3 im Rahmen des Abkommens eine Verständigung der beiden beteiligten Behörden darüber zu, daß die Vormundschaft vom Heimatstaate dem Lande des Aufenthaltsortes überlassen wird. Anderseits würde es ebenso im Interesse des Mündels liegen, eine in einem Staate, dessen Staatsangehörigkeit er verloren hat, angeordnete Vormundschaft weiterzuführen, wenn z. B. Wohn- und Aufenthaltsort des Mündels sehr entfernt sind und sein Vermögen sich in dem Staate befindet, dessen Angehöriger er früher war.

5. Mit der ausdrücklichen Regelung des Falles, daß die Anordnung einer Vormundschaft unterbleiben kann, wird zugleich als zulässig anerkannt, daß die in einem Staate bereits angeordnete Vormundschaft an den Staat des Wohn- und Aufenthaltsortes auch im Geltungsbereiche des Abkommens abgegeben werden darf. Inwieweit dies angängig ist, wird durch das interne Recht der einzelnen Vertragsstaaten bestimmt (vgl. Denkschr. II 46).

Artikel 4.

Ist die Vormundschaft gemäß der Bestimmung des Artikel 3 angeordnet, so kann gleichwohl eine neue Vormundschaft auf Grund des Artikel 1 oder des Artikel 2 angeordnet werden[1]).

Hiervon ist der Regierung des Staates, in welchem die Vormundschaft zuerst angeordnet wurde, sobald wie möglich Nachricht zu geben. Diese Regierung hat davon entweder die Behörde, welche die Vormundschaft angeordnet hat, oder in Ermangelung einer solchen Behörde den Vormund selbst zu benachrichtigen[2]).

In dem Falle, den dieser Artikel vorsieht, bestimmt sich der Zeitpunkt, in welchem die ältere Vormundschaft endigt, nach der Gesetzgebung des Staates, in dessen Gebiete diese Vormundschaft angeordnet war[3]).

1. Die Anordnung der Vormundschaft im Heimatstaate ist jederzeit zulässig, also auch für den Fall, daß die Vormundschaft in dem Lande eingeleitet worden ist, in dem sich das Mündel aufhält.

2. Regelung des Verfahrens für den Fall des Abs. 1. („Aus der Natur der Sache ergibt sich, daß in gleicher Weise auch zu verfahren ist, wenn die Vormundschaft im Heimatstaate zufolge eines Wechsels der Staatsangehörigkeit angeordnet wird." Denkschr. II 47; z. B. wenn ein in einem Vertragsstaate bevormundeter Angehöriger desselben Angehöriger eines anderen Vertragsstaates wird und die Behörde des Staates, dem er nunmehr angehört, ihrerseits die Fürsorge übernehmen zu müssen glaubt.)

3. Die Feststellung des Zeitpunktes, mit dem die zuerst eingeleitete Vormundschaft ihr Ende erreicht, wenn

die Vormundschaft nachträglich im Heimatstaate angeordnet wird, bleibt der inneren Gesetzgebung des Staates überlassen, in dessen Gebiete die Vormundschaft zuerst angeordnet war. (Eine besondere Vorschrift, die festsetzt, zu welchem Zeitpunkte in diesem Falle die deutsche Vormundschaft endigt, ist nicht für erforderlich erachtet worden und es bewendet in dieser Hinsicht bei den allgemeinen Grundsätzen (Denkschr. II 47); für die Beziehungen zu dritten Personen kommt § 1893 Abs. 1 BGB. in Betracht. Vgl. Art. 10 des Abkommens über die Entmündigung.

Artikel 5.

In allen Fällen bestimmen sich der Zeitpunkt und die Gründe für den Beginn sowie für die Beendigung der Vormundschaft nach dem Gesetze des Heimatstaats des Minderjährigen[1])[2])[3]).

1. Für den Fall, daß die Vormundschaft in dem Staate angeordnet wird, in welchem der Minderjährige sich aufhält, und dessen Gesetz im übrigen zur Anwendung kommt.

2. Der Artikel will insbesondere vermeiden, daß die Frage, ob und wie lange ein ausländischer Minderjähriger der Fürsorge bedarf, nach der lex domicilii zu entscheiden ist, während für die Beurteilung seiner Staatsangehörigkeit die lex patriae maßgebend wäre.

3. Auf die Gründe, aus denen nur das Amt des Vormundes, nicht aber die Vormundschaft selbst endigt (§§ 1885 ff. BGB.), erstreckt sich der Art. 5 nicht. (Denkschr. II 48.)

Artikel 6.

Die vormundschaftliche Verwaltung erstreckt sich auf die Person sowie auf das gesamte Ver-

mögen des Minderjährigen, gleichviel an welchem Orte sich die Vermögensgegenstände befinden[1]**.**

Von dieser Regel sind Ausnahmen zulässig in Ansehung solcher Grundstücke, welche nach dem Gesetze der belegenen Sache einer besonderen Güterordnung unterliegen[2]**.**

1. Die Anwendung der lex rei sitae ist in Ansehung der vormundschaftlichen Verwaltung und, abgesehen von den im Abs. 2 des Artikels bezeichneten Ausnahmefällen, für den Geltungsbereich des Abkommens ausgeschlossen. (Inwieweit Vorschriften wie die des § 225 des österreichischen ABGB., wonach für in Österreich befindliches Immobiliarvermögen ein besonderer Kurator bestellt wird, dessen Befugnisse jedoch von der lex patriae des Pflegebefohlenen abhängen, außer Anwendung gesetzt werden, läßt sich allgemein kaum entscheiden. Jedenfalls aber entspricht die Einheitlichkeit der vormundschaftlichen Verwaltung dem Sinne des Abkommens.) Insbesondere hängt daher auch eine etwa erforderliche besondere Autorisation zur Veräußerung oder Verpfändung unbeweglicher Güter des Mündels von dem die vormundschaftliche Verwaltung beherrschenden Rechte ab und ist daher von der nach diesem zuständigen Behörde zu erteilen (während hierfür grundsätzlich das Personalstatut des Mündels entscheidend wäre).

2. Dagegen ist, auch wenn die Vormundschaft in einem ausländischen Vertragsstaate ausgesprochen ist, der lex rei sitae die Entscheidung überlassen in Ansehung solcher Grundstücke, die nach ihr einer besonderen Güterordnung unterliegen (z. B. Lehen, Fideikommisse usw.). Vgl. Art. 12 des Abkommens über die Entmündigung.

Artikel 7[1].

Solange die Vormundschaft nicht angeordnet ist, sowie in allen dringenden Fällen können die

zuständigen Ortsbehörden die Maßregeln treffen, die zum Schutze der Person und der Interessen eines minderjährigen Ausländers erforderlich sind[2]).

1. Art. 7 soll (in Verbindung mit Art. 8) den außerhalb seines Heimatstaates befindlichen Minderjährigen gegen eine Versagung der vormundschaftlichen Fürsorge sichern.

2. Namentlich auch dann, wenn der ausländische Vormund aus rechtlichen oder tatsächlichen Gründen (z. B. wegen weiter Entfernung seines Aufenthaltes) nicht eingreifen kann.

3. Eine hiernach zulässige Maßregel könnte auch die Bestellung eines Pflegers sein (§ 1909 BGB.) (Denkschr. II 48).

Artikel 8.

Liegt Anlaß vor, für einen minderjährigen Ausländer die Vormundschaft anzuordnen, so haben die Behörden des Staates, in dessen Gebiet er sich befindet, von dem Sachverhalte, sobald dieser ihnen bekannt wird, die Behörden des Staates zu benachrichtigen, dem der Minderjährige angehört.

Die in solcher Art benachrichtigten Behörden sollen den Behörden, die ihnen die Mitteilung gemacht haben, sobald wie möglich Kenntnis geben, ob die Vormundschaft angeordnet ist oder angeordnet werden wird.

1. Die Bestimmung der Behörden bleibt den Vertragsstaaten überlassen, regelmäßig werden die Mittei-

lungen auf diplomatischem Wege zu bewirken sein. (Denkschr. II 49.)

Artikel 9.

Dieses Abkommen findet nur Anwendung auf die Vormundschaft über Minderjährige, die Angehörige eines der Vertragsstaaten sind und ihren gewöhnlichen Aufenthalt im Gebiet eines dieser Staaten haben[1].

Die Artikel 7 und 8 dieses Abkommens finden jedoch auf alle Minderjährige Anwendung, die Angehörige eines Vertragsstaats sind.

1. Insbesondere um Schwierigkeiten zu vermeiden, die sich leicht daraus ergeben könnten, daß in dem Staate des gewöhnlichen Aufenthalts des Mündels die Vormundschaft durch die lex domicilii bestimmt ist.

Artikel 10.

Dieses Abkommen, das nur auf die europäischen Gebiete der Vertragsstaaten Anwendung findet, soll ratifiziert und die Ratifikationsurkunden sollen im Haag hinterlegt werden, sobald die Mehrzahl der Hohen vertragschließenden Teile hierzu in der Lage ist[1].

Über die Hinterlegung soll ein Protokoll aufgenommen werden; von diesem soll eine beglaubigte Abschrift auf diplomatischem Wege einem jeden der Vertragsstaaten mitgeteilt werden[1].

1. Der Vertrag ist in Kraft getreten zwischen Deutschland, Belgien, Frankreich, Italien, Luxemburg, den Niederlanden, Portugal, Rumänien, Schweden, der Schweiz

und Spanien. (RGBl. 1904 249, 307; 1905 716, 1907 84.)

Artikel 11.

Denjenigen Staaten, welche auf der dritten Konferenz über internationales Privatrecht vertreten waren, dieses Abkommen aber nicht gezeichnet haben, soll der vorbehaltlose Beitritt zu dem Abkommen freistehen.

Der Staat, welcher beizutreten wünscht, hat spätestens am 31. Dezember 1904 seine Absicht in einer Urkunde anzuzeigen, die im Archive der Regierung der Niederlande hinterlegt wird. Diese wird eine beglaubigte Abschrift davon auf diplomatischem Wege einem jeden der Vertragsstaaten übersenden.

Artikel 12.

Dieses Abkommen tritt am sechzigsten Tage nach der Hinterlegung der Ratifikationsurkunden oder nach dem Zeitpunkte der Anzeige von einem Beitritt in Kraft[1]).

1. Vgl. Anm. 1 zu Artikel 10.

Artikel 13.

Dieses Abkommen gilt für die Dauer von fünf Jahren, gerechnet von dem Zeitpunkte der Hinterlegung der Ratifikationsurkunden.

Mit diesem Zeitpunkte beginnt der Lauf der Frist auch für diejenigen Staaten, welche die Hinterlegung erst nach diesem Zeitpunkte bewirken oder erst später beitreten.

In Ermangelung einer Kündigung gilt das Abkommen als stillschweigend von fünf zu fünf Jahren erneuert.

Die Kündigung muß wenigstens sechs Monate vor dem Ablaufe des Zeitraums, der in den vorstehenden Absätzen bezeichnet ist, der Regierung der Niederlande zugestellt werden, die hiervon allen anderen Vertragsstaaten Kenntnis geben wird.

Die Kündigung soll nur in Ansehung des Staates wirksam sein, der sie erklärt hat. Für die übrigen Staaten bleibt das Abkommen in Kraft.

Zu Urkund dessen haben die Bevollmächtigten dieses Abkommen unterzeichnet und mit ihren Siegeln versehen.

Geschehen im Haag am zwölften Juni neunzehnhundertundzwei in einem einzigen Exemplare, das im Archive der Regierung der Niederlande hinterlegt wird, und wovon eine beglaubigte Abschrift auf diplomatischem Wege einem jeden der Staaten übergeben werden soll, welche auf der dritten Konferenz über internationales Privatrecht vertreten waren.

(Unterschriften.)

V.

(Übersetzung.)

Abkommen über die Entmündigung und gleichartige Fürsorgemaßregeln.

Vom 17. Juli 1905.

In Fortführung der durch das Abkommen über die Vormundschaft Minderjähriger festgestellten Kollisionsnormen soll das Abkommen über die Entmündigung durch Aufstellung einheitlicher Grundsätze die Fürsorgemaßnahmen für Geschäftsunfähige oder in der Geschäftsfähigkeit beschränkte Personen regeln, da Zweifel, in welchem Lande und nach welchen Gesetzen die Entmündigung herbeizuführen und die Vormundschaft anzuordnen ist, leicht entstehen, wenn der Entmündigungsreife im Gebiete eines anderen als seines Heimatstaates wohnt oder sich aufhält.

Vom Standpunkte des internen deutschen internationalen Privatrechtes (vgl. Otto Levis, Das internationale Entmündigungsrecht des Deutschen Reiches, 1906, auf welche gründliche Arbeit des öfteren in den Anmerkungen verwiesen worden ist) sind die materiellen Voraussetzungen einer Entmündigung in den Art. (7), 8, 27 EG. geregelt worden, die aber für den Geltungsbereich des Abkommens durch dasselbe teilweise außer Anwendung gesetzt werden. Art. 9 des Abkommens hat die Vorschrift des Art. 7 Abs. 3 insoweit beseitigt, als der Mangel der Geschäftsfähigkeit einer im Auslande entmündigten Person im Sinne des Abkommens anzuerkennen ist und sie also auch für in Deutschland vorgenommene Rechtsgeschäfte nicht im weiteren Umfange als geschäftsfähig angesehen werden kann. (Eine Gefahr ist für die Sicherheit des deutschen Rechtsverkehrs aus dieser Änderung des bestehenden Rechtes nicht zu besorgen. Vgl. Denkschr. III 55.) Ebenso werden die von der Grundregel des Art. 7 EG in den Art. 8 und 27 EG. gemachten Ausnahmevorschriften für den Geltungsbereich des Abkommens außer Anwendung gesetzt, die letztere Ausnahmebestimmung, weil (abweichend vom Abkommen über die Eheschließung) eine Rück- (bzw. Weiter-)Verweisung durch das Abkommen nicht vorgesehen ist und unter den Gesetzen, die in seinem Sinne anzuwenden sind, stets nur die das Rechtsverhältnis selbst regelnden Vorschriften des bürgerlichen Rechtes, nicht aber die des internen internationalen Privatrechtes zu verstehen sind. (Anders die Zuständigkeit für das Verfahren. Art. 2 und Art. 6 des Abkommens.) Und die Vorschrift des Art. 8 EG. ist durch andere Vorschriften des Abkommens ersetzt worden (Art. 4, 5, 6, 7, 11 Abs. 1, 10), so daß, falls die Behörden des Heimatstaates nicht einschreiten, eine Entmündigung im Lande des Aufenthaltes unter den Voraussetzungen, unter denen sie auch nach den Gesetzen des Heimatstaates zulässig ist, möglich wäre, nicht mehr aber (wie nach Art. 8 EG.) ein Ausländer nach den deutschen Gesetzen auch dann entmündigt werden kann, wenn diese Maßregel nach seiner lex patriae unzulässig ist.

Wie Denkschr. III 49 ausdrücklich hervorhebt, ist diese Abänderung des geltenden deutschen Rechtes insbesondere deshalb unbedenklich, weil nicht zu besorgen ist, daß im Geltungsbereiche des Abkommens ausländische Behörden in der Lage sein werden, Reichsangehörige zu entmündigen und unter Vormundschaft zu stellen, da dies nach deutschem Rechte auch dann Aufgabe der deutschen Behörden bleibt, wenn der Entmündigungsreife im Auslande wohnt (§§ 648 Abs. 2, 680 Abs. 3 ZPO., § 36 Abs. 2 FrGG.), und selbst für den Fall, daß eine deutsche Behörde die im Art. 6 bestimmte Frist hätte ablaufen lassen, die deutschen Behörden (nach Art. 11 Abs. 1 oder Art. 10 Abs. 1 des Abkommens) die getroffenen Fürsorgemaßregeln aufheben oder ihrerseits durch andere ersetzen können. — Soweit Art. 23 EG. für Entmündigungen vom Standpunkte des deutschen Rechtes in Frage kommt (vgl. Levis 212f.), kann einerseits, wofern eine Person, die sich im Auslande aufhält, von ihrem Heimatstaate zwar entmündigt, aber nicht unter Vormundschaft gestellt worden ist (mangels einer besonderen Bestimmung des Abkommens), diese Fürsorge durch den Aufenthaltsstaat nach dessen innerer Gesetzgebung übernommen werden (Art. 23 Abs. 1 EG. mit Einschränkung durch Art. 10 des Abkommens) (und ebenso kann im Interesse des deutschen Mündels die Vormundschaft über ihn an einen anderen Vertragsstaat abgegeben werden [§ 47 FrGG.]), anderseits auch eine Sicherung durch vorläufige Anordnungen im Sinne des Art. 3 (Art. 23 Absatz 2 EG.) bewirkt werden.

Seine Majestät der Deutsche Kaiser, König von Preußen, im Namen des Deutschen Reichs, der Präsident der Französischen Republik, Seine Majestät der König von Italien, Ihre Majestät die Königin der Niederlande, Seine Majestät der König von Portugal und Algarvien usw., Seine Majestät der König von Rumänien und Seine Majestät der König von Schweden und von Norwegen, im Namen Schwedens,

von dem Wunsche geleitet, gemeinsame Bestimmungen über die Entmündigung und über gleichartige Fürsorgemaßregeln aufzustellen,

haben beschlossen, zu diesem Zwecke ein Abkommen zu treffen, und haben infolgedessen zu Ihren Bevollmächtigten ernannt:

(Namen.)

Artikel 1.

Für die Entmündigung[1]) ist das Gesetz des Staates, dem der zu Entmündigende angehört (Gesetz des Heimatstaats), maßgebend[2]), unbeschadet der in den folgenden Artikeln enthaltenen Abweichungen.

1. Was unter Entmündigung im Sinne des Abkommens zu verstehen ist, ergibt sich insbesondere aus der im Art. 13 gegebenen Begriffsbestimmung (zu vgl. actes 1904 S. 98 f.), die im wesentlichen mit der des deutschen Rechtes übereinstimmt, in dessen Sinne „Entmündigung" jeder rechtlich anerkannte Akt ist, durch welchen die Geschäftsfähigkeit eines zunächst zur Vornahme von Rechtshandlungen befugten Rechtsträgers beschränkt oder aufgehoben wird, deshalb, weil die natürlichen Eigenschaften zur Einnahme der zunächst gewährten Rechtsstellung mangeln" (Levis). Nur unter der Voraussetzung, daß entweder eine Entmündigung erfolgt oder eine in seinem Sinne gleichartige Maßregel getroffen wird, will das Abkommen die Fürsorge für geschäftsunfähige oder in der Geschäftsfähigkeit beschränkte Personen regeln. Es ist also zunächst Voraussetzung ein rechtlich anerkannter Akt (der nicht notwendig der einer Behörde sein muß, wie z. B. nach einzelnen Schweizer Rechten ein Stummer oder Blinder sich durch öffentliche

Bekanntmachung unter Vormundschaft stellen kann), eine ipso jure eintretende Beschränkung der Geschäftsfähigkeit aber ist im Sinne des Abkommens keine Entmündigung. So ist ferner auch dann im Sinne des Abkommens eine Entmündigung anzunehmen, wenn an eine Vormundschaftsbestellung noch die Beschränkung der Geschäftsfähigkeit geknüpft wird. Es würde also z. B. nach deutschem Rechte die Entmündigung wegen Geisteskrankheit oder Geistesschwäche, wegen Verschwendung oder Trunksucht, sowie die Anordnung einer vorläufigen Vormundschaft (§§ 6, 104 Nr. 3, 114, 1896, 1906 BGB., vgl. dazu Levis 65f., 213f.), nicht aber die weder eine Minderung der Geschäftsfähigkeit voraussetzende noch herbeiführende Anordnung einer Pflegschaft in den Fällen der §§ 1910ff. als Entmündigung im Sinne des Abkommens zu bezeichnen sein. Und auch nach ausländischem Rechte ist nicht nur die nach ihm zulässige Interdiktion i. e. S. durch das Abkommen geregelt worden, sondern auch Fürsorgemaßregeln wie die Bestellung eines gerichtlichen Beistandes für Verschwender oder Geistesschwache, die Entscheidung, die einem Verschwender den Abschluß bestimmter darin bezeichneter Rechtsgeschäfte untersagt, die Anordnung einer Vormundschaft über das Alter der Großjährigkeit hinaus, die Einleitung einer Kuratel für eine Person auf deren eigenen Antrag, sofern dadurch die Geschäftsfähigkeit beschränkt wird u. ä. (vgl. Code civil Art. 513, 499; Codice civile Art. 339; Codigo civil Art. 221; österreichisches Bürgerliches Gesetzbuch §§ 251, 275 indessen actes 1900 188). Dagegen käme das Abkommen z. B. nicht in Betracht für eine etwa zulässige Anordnung der Vormundschaft über Abwesende, nicht für die als Strafe bei gewissen Vergehen ausgesprochene Interdiktion des französischen Rechtes, auch nicht für ein nur behördliches Verfügungsgebot (wie z. B. einen Ukas des Zaren). (Levis 2f.; Denkschr. III 47.)

2. Grundsätzlich sind also die materiellrechtlichen, die Geschäftsfähigkeit regelnden Vorschriften der lex patriae einer jeden Person dafür maßgebend, ob und unter welchen Voraussetzungen diese Fähigkeit durch eine Entmündigung (oder sonstige Entscheidung nach Art. 2, 13) eingeschränkt werden kann.

Artikel 2.

Die Entmündigung kann nur durch die zuständigen Behörden[1]) des Staates, dem der zu Entmündigende angehört, ausgesprochen und die Vormundschaft wird gemäß dem Gesetze dieses Staates angeordnet werden[2]), abgesehen von den in den folgenden Artikeln vorgesehenen Fällen.

1. Durch das Abkommen ist eine Feststellung der Entmündigungskompetenz der einzelnen Vertragsstaaten vorgenommen worden (Art. 4, 5, 6); darüber aber, welche Behörde eines Vertragsstaates kompetent ist, die Entmündigung auszusprechen, kann lediglich das Prozeßrecht dieses Staates selbst bestimmen (wofern nicht eine vertragsmäßige Einigung einzelner Staaten über die hier zuständigen Behörden besteht). Im übrigen ist es im Sinne des Abkommens gleichgültig, was für eine Behörde entscheidet und in welchem Verfahren sie die Entmündigung verhängt. Nur ein Strafgericht kann eine Entmündigung im Sinne des Abkommens nicht verhängen, da eine Beschränkung der Geschäftsfähigkeit als Strafe in seinem Sinne (wie im Sinne des internationalen Entmündigungsrechtes überhaupt) keine Entmündigung ist.

2. Vorausgesetzt, daß eine Person, die ihren ständigen Aufenthaltsort im Auslande hat, durch die Behörden ihres Heimatstaates entmündigt wird und, soweit sie dann nach ihrer lex patriae der Fürsorge bedarf, diese

zur Anordnung der Vormundschaft und Übernahme der Fürsorge zuständigen Behörden auch dazu bereit sind. Trifft diese Voraussetzung aber nicht zu, so ist mangels einer besonderen Bestimmung des Abkommens (vgl. dagegen Art. 3 des Abkommens über die Vormundschaft Minderjähriger) auch im Geltungsbereiche desselben eine Übernahme der Fürsorge durch den Staat, in dem sich der Entmündigte aufhält, nach Maßgabe der inneren Gesetzgebung dieses Landes möglich, wobei aber nach Art. 10 des Abkommens der Heimatstaat dennoch nachträglich die Fürsorge übernehmen kann.

Vom Standpunkte des deutschen Rechtes wäre dies (in Ausdehnung der Vorschrift des Art. 23 EG. Abs. 1) möglich (vgl. Levis 126 f.), wie auch von diesem Standpunkte (mangels einer besonderen Bestimmung des Abkommens) die Übergabe der Vormundschaft über einen deutschen Mündel, über den sie in Deutschland eingerichtet ist und der seinen Wohnsitz oder Aufenthalt ändert, an einen anderen Staat in Hinsicht darauf möglich wäre, daß diese Übergabe im Interesse des Mündels liegt. (Gemäß § 47 FrGG.) (vgl. Levis 131 f.) S. 77.

Artikel 3.

Befindet sich in einem Vertragsstaate der Angehörige eines anderen Vertragsstaates[1]) in einem Zustande, für den das Gesetz seines Heimatstaats die Entmündigung vorsieht[2]), so können alle erforderlichen vorläufigen Maßregeln zum Schutze seiner Person und seines Vermögens[3]) durch die örtlich zuständigen Behörden[4]) getroffen werden.

Hiervon ist der Regierung des Staates, dem er angehört, Mitteilung zu machen.

Die Maßregeln fallen weg, sobald die örtlich zuständigen Behörden von den Behörden des Heimatstaats die Mitteilung erhalten, daß vorläufige Maßregeln getroffen seien oder daß die Rechtslage der Person, um die es sich handelt, durch eine Entscheidung geregelt sei.

1. Daß der entmündigungsreife Angehörige eines Vertragstaates, der sich in einem anderen Vertragsstaate befindet, in diesem seinen Wohnsitz oder (wie Art. 4 ff. erfordert wird) seinen gewöhnlichen Aufenthalt hat, wird hier nicht vorausgesetzt.

2. Es handelt sich hier um den Fall, daß jemand außerhalb seines Heimatstaates entmündigungsreif wird, dieser Staat aber nicht einschreiten kann, sei es, daß seine Behörden zu weit entfernt sind, um rechtzeitig die notwendigen Fürsorgemaßregeln treffen zu können, sei es, daß andere Verhinderungsgründe vorliegen und der Staat, in dem sich der Entmündigungsreife befindet, auch zur Sicherung seiner eigenen bürgerlich-rechtlichen Friedensordnung Fürsorgemaßregeln als notwendig erachtet. Dann können entsprechende vorläufige Maßregeln getroffen werden, wenn in rechtlicher oder tatsächlicher Hinsicht alle Voraussetzungen, unter denen gegen den Ausländer nach seiner lex patriae ein Entmündigungsverfahren eingeleitet werden kann, vorzuliegen scheinen. (Da die endgültige Entscheidung durch Abs. 2 der lex patriae des Entmündigungsreifen vorbehalten bleibt und da eine abschließende Prüfung des ausländischen Rechtes dem inländischen Richter aus Zeitmangel vielfach nicht möglich sein wird, wird er die oben bezeichneten Voraussetzungen nur, soweit sie für ihn erkennbar sind, zu beachten haben, weil er sonst dringende vorläufige Maßregeln oft überhaupt nicht treffen kann. (Vgl. auch Levis 65.) (Vom Standpunkte des deutschen Rechtes

wäre die Einrichtung einer vorläufigen Vormundschaft keine vorläufige Maßregel im Sinne dieses Artikels. KGJ. 21 S. 209, dazu Levis 213 f.)

3. Auch das Interesse der Angehörigen des Entmündigungsreifen ist zu berücksichtigen, soweit die Entmündigung zur Wahrung eines solchen Interesses bestimmt ist. (Denkschr. III 50.) Es könnte z. B. der Fürsorgebedürftige vorübergehend in einer Irrenanstalt untergebracht, sein Vermögen gesichert werden usw.

4. Die Behörden desjenigen Vertragsstaates, in denen sich der Entmündigungsreife gerade befindet. (Vgl. Anm. 1.) In Deutschland bestimmen die §§ 87 Abs. 2, 43 Abs. 1, 44 FrGG., welche Behörde jeweilig vorläufige Anordnungen im Sinne des Artikels treffen kann. Insbesondere kann der deutsche Vormundschaftsrichter (der Amtsrichter am Wohnsitze des Fürsorgebedürftigen oder der Amtsrichter des Aufenthaltsortes beim Fehlen eines inländischen Wohnsitzes) vorläufige Fürsorgemaßregeln für einen ausländischen Entmündigungsreifen, über dessen Entmündigung (oder Wiederaufhebung derselben) noch im ausländischen Beschlußverfahren verhandelt wird (Abs. 2, 3), treffen.

5. Die Form dieser Mitteilungen bestimmt Art 5; ihr Zweck ist die Ermöglichung der Prüfung der angeordneten vorläufigen Maßregeln durch die Behörden des Heimatstaates.

6. Diese Prüfung ist eine ganz unbeschränkte und kann nicht nur die gesetzliche Zulässigkeit der Maßregeln nach der lex patriae des Fürsorgebedürftigen, sondern auch ihre Zweckmäßigkeit überhaupt betreffen. Diese Nachprüfung, die auch die getroffenen vorläufigen Maßregeln der lex patriae des Entmündigungsreifen unterstellt, kann dazu führen, daß die Behörden seines Heimatstaates sie ausdrücklich oder stillschweigend aufrecht erhalten oder ohne Rücksicht auf den Fortgang des Verfahrens in der Hauptsache schlechthin aufheben oder durch

andere ersetzen, so daß, sobald die örtlich zuständigen Behörden die Mitteilung erhalten haben, daß die Behörden des Heimatstaates vorläufige Maßregeln getroffen haben, sie ihre eigenen ohne weiteres außer Kraft setzen müssen. „Das gleiche gilt, wenn mitgeteilt wird, daß die Rechtslage der Person, für welche vorläufige Maßregeln getroffen waren, durch eine Entscheidung geregelt sei; hierhin gehört nicht nur ein nach Durchführung des Entmündigungsverfahrens erlassenes Urteil, sondern auch ein Beschluß des Inhalts, daß nach den Gesetzen des Heimatstaates zur Einleitung des Entmündigungsverfahrens oder zu vorläufigen Maßregeln kein Grund vorliege.“ (Denkschr. III 51.)

Artikel 4.

Die Behörden des Staates, in dessen Gebiet ein zu entmündigender Ausländer seinen gewöhnlichen Aufenthalt hat, haben von diesem Sachverhalte, sobald er ihnen bekannt geworden ist, den Behörden des Staates, dem der Ausländer angehört, Nachricht zu geben; hierbei haben sie den Antrag auf Entmündigung, falls sie mit einem solchen Antrag befaßt worden sind, und die etwa getroffenen vorläufigen Maßregeln mitzuteilen[1]).

1. Die Behörden des gewöhnlichen Aufenthaltsortes sollen also, falls ihnen die Einleitung eines Entmündigungsverfahrens nötig erscheint, zunächst nicht selbst dieses Verfahren einleiten, sondern die Behörden des Heimatstaates des entmündigungsreifen Ausländers in Ansehung des Art. 4 nach Maßgabe des Art. 5 benachrichtigen und sich, solange die für die Antwort dieser Behörden nach Art. 6 notwendigen Bedingungen noch nicht erfüllt sind, auf vorläufige Maßnahmen nach Art. 3 beschränken,

womit grundsätzlich die Zulassung der Entmündigung außerhalb des Heimatstaates für den Geltungsbereich des Abkommens nur gegeben ist, wenn sich sonst eine solche nicht herbeiführen läßt. Wofern also jeweils eine nach der lex patriae des entmündigungsreifen Nichtinländers an sich gebotene Entmündigung nicht durchgeführt werden kann, ist der Wohnsitzstaat hierzu befugt unter der Voraussetzung der im Art. 7 erforderten Konkordanz der Gesetze (vgl. auch Lewis, 59, 86) und nur bei der in Art. 7 bezeichneten Konkordanz der Gesetze hat eine Benachrichtigung nach Art. 4 zu erfolgen (z. B. ist im Falle des § 6 Nr. 3 BGB. den ausländischen Behörden nur Mitteilung zu machen, wenn auch die Gesetze ihres Staates eine Entmündigung wegen Trunkenheit zulassen). „In zweifelhaften Fällen wird es sich empfehlen, bei der Mitteilung an die Behörden des Heimatstaates diesen die Entscheidung zu überlassen. Finden anderseits die Behörden des gewöhnlichen Aufenthalts, daß die Entmündigung nur aus einem Grunde erfolgen könnte, den zwar die Gesetze des Heimatstaates, nicht aber ihre eigenen anerkennen, so sind sie zu einer Benachrichtigung nicht verpflichtet; da aber nach Art. 2 die Entmündigung im Heimatstaate zulässig ist, so mag es gleichwohl, je nach der Lage des Falls, zweckmäßig sein, den dortigen Behörden den Sachverhalt mitzuteilen.“ (Denkschr. III 51.)

Artikel 5.

Die in den Artikeln 3, 4 vorgesehenen Mitteilungen werden auf diplomatischem Wege bewirkt, sofern nicht der unmittelbare Verkehr zwischen den beiderseitigen Behörden zugelassen ist.

Artikel 6.

Solange nicht die Behörden des Heimatstaats auf die im Artikel 4 vorgesehene Mitteilung geantwortet haben[1]), ist in dem Lande des gewöhnlichen Aufenthalts von jeder endgültigen Maßregel Abstand zu nehmen. Erklären die Behörden des Heimatstaats, daß sie nicht einschreiten wollen[2]), oder antworten sie nicht innerhalb einer Frist von sechs Monaten[3]), so haben die Behörden des gewöhnlichen Aufenthalts über die Entmündigung zu befinden; sie haben[4]) hierbei die Hindernisse zu berücksichtigen, die nach der Antwort der Behörden des Heimatstaats eine Entmündigung im Heimatland ausschließen würden.

1. Art. 6 und 7, die ausnahmsweise eine Entmündigung durch den ausländischen Staat zulassen, sollen als grundsätzliche Regel feststellen, daß auch in diesem Falle die Entmündigungsvoraussetzungen nach der lex patriae des Entmündigungsreifen gegeben sein müssen, weil sie die Voraussetzungen einer Geschäftsfähigkeitsbeschränkung seien (vgl. insbesondere actes 1904, 22ff., 147f.).

2. Diese Antwort kann in einer sachlichen Entscheidung (mit der sich der Aufenthaltsstaat des Entmündigungsreifen zu begnügen hat) darüber bestehen, ob ein Grund zur Entmündigung nach der lex patriae des Entmündigungsreifen vorliegt oder nicht und ob demgemäß das Entmündigungsverfahren eingeleitet worden ist oder nicht (Art. 6 in Verbindung mit Art. 7), wobei im letzteren Falle auch das Fehlen eines der lex patriae entsprechenden Antrags den Heimatstaat zur Ablehnung der Entmündigung bestimmen könnte. „Nur muß die Ablehnung wegen eines Mangels in den sachlichen Voraussetzungen der Entmündigung und nicht wegen Unzuständigkeit erfolgt sein." Leitet aber der Heimatstaat ein Entmündigungsverfahren ein, so können die Behörden

des gewöhnlichen Aufenthaltsortes nicht mehr ihrerseits ein solches gemäß Art. 7 einleiten (wie bei der Beratung dieses Artikels ausdrücklich hervorgehoben wurde: durch Nichtfestsetzung einer bestimmten Frist für das vom Heimatstaate seiner Antwort nach eingeleitete Verfahren und unter Hinweis auf Art. 3 des Abkommens). Denkschr. III 52 betont, daß etwaigen ernsten Mißständen hier ebenso wie bei Ablehnung der Entmündigung durch Ausweisung des Ausländers abgeholfen werden könnte.

3. Lehnen die Behörden des Heimatstaates es ab, eine sachliche Entscheidung zu treffen, sei es, daß sie sich nach ihren Gesetzen hier für unzuständig halten, sei es, daß sie an sich zwar gemäß ihren Gesetzen zuständig, aus Zweckmäßigkeitsgründen aber die Entscheidung den Behörden des gewöhnlichen Aufenthalts überlassen, so handeln sie aus der ihnen ausschließlich zustehenden Befugnis, zu bestimmen, welche Behörden nach ihren Gesetzen zur Einleitung des Verfahrens berufen sind, und begründen im letzteren Falle durch die Mitteilung, daß sie ein Entmündigungsverfahren nicht einleiten können oder wollen, die Zuständigkeit der Behörden des gewöhnlichen Aufenthalts, die das Verfahren nicht schon etwa deshalb einleiten dürfen, weil sie sich nach ihrer Auffassung der lex patriae des Entmündigungsreifen zur Einleitung des Verfahrens für befugt halten (Denkschr. III 52).

4. Mit dem Ablaufe dieser Frist ist für die Behörden des gewöhnlichen Aufenthalts ihre Zuständigkeit für die Einleitung eines Entmündigungsverfahrens begründet, wobei (wie auch im oben erörterten Falle, daß die Behörden des Heimatstaates von einer sachlichen Entscheidung absehen) diesen durch Art. 11 Abs. 1 des Abkommens die Möglichkeit gegeben ist, noch nachträglich ihrerseits ein solches Verfahren einzuleiten. Im übrigen sah man bei der Beratung des Artikels davon ab, eine besondere Bestimmung für die Berechnung der Frist zu geben, und stellte lediglich fest, daß sie mit dem Zeitpunkte der Mit-

teilung beginne, die sonstige Regelung aber den Behörden des Aufenthalts überlassen bleibe.

6. Wofern die Zuständigkeit der Behörden des Aufenthalts zur Einleitung des Entmündigungsverfahrens nach Art. 6 begründet ist, müssen sie (auront à statuer) eine Entscheidung über die Entmündigung treffen, wobei für die formelle Grundlage eines solchen Verfahrens lediglich das interne Recht, für die materielle aber die besonderen Bestimmungen des Art. 7 (in Verbindung mit dem Schluß des Art. 6) maßgebend sind.

Artikel 7.

Falls die Behörden des gewöhnlichen Aufenthalts auf Grund des vorstehenden Artikels zuständig sind, kann der Antrag auf Entmündigung von den Personen und aus den Gründen gestellt werden, die zugleich nach dem Gesetze des Heimatstaats und dem Gesetze des Aufenthalts des Ausländers zugelassen sind[1])[2])[3]).

1. Art. 7 erfordert die Konkordanz der lex fori und der lex patriae sowohl in Ansehung der Gründe der Entmündigung wie in Ansehung der Person des Antragstellers für den Fall, daß ausnahmsweise der Heimatstaat nicht die Fürsorge über seinen fürsorgereifen Angehörigen übernimmt. (Vgl. auch Art. 5 des Abkommens über die Vormundschaft.) Daß diese Regelung, die „eine ganz ungerechtfertigte Einengung des Kreises der Antragsberechtigten“ (Levis) ist und eine Verkennung des Umstandes, daß hier „alles von der Frage abhänge, ob die Antragsbefugnis ein Familienrecht oder eine Verfahrensbefugnis sei und daß je nachdem die lex fori oder die lex originis entscheiden müsse“ (Levis), keine vollkommene Lösung einer schwierigen Frage gibt, wurde schon während der Beratungen des Artikels von Meili (actes 1904, 28)

hervorgehoben. Jedenfalls wird die hier von dem Abkommen durchgeführte Kumulierung der Gesetze sehr oft den außerhalb seines Geltungsbereiches bestehenden internen internationalen Privatrechten widersprechen.

2. Auch in den Zweifelsfällen, in denen nach dem einen Rechte eine Beseitigung der Geschäftsfähigkeit wie durch die Entmündigung im eigentlichen Sinne, nach dem anderen aber nur eine anderweitige Beschränkung der Geschäftsfähigkeit (z. B. die Entmündigung eines Ausländers wegen Verschwendung) nach deutschem Rechte, für den nach seiner lex patriae in diesem Falle nur die Bestellung eines Beistandes nach Art des französischen conseil judiciaire (Art. 513 C. c.) oder eines curator exemplaris in Spanien) vorgesehen wird, ist dem Zwecke des Abkommens nach (wie der Bericht besonders hervorhebt, wie auch Art. 13 des Abkommens zeigt) die Entmündigung nach Art. 7 zulässig und in seinem Sinne sind unter den Gründen auch solche verstanden, die nach der lex patriae und der lex fori nicht dieselbe, sondern nur eine nach Art. 13 gleichartige Maßregel rechtfertigen.

3. Daß zur Stellung des Entmündigungsantrags (vgl. Levis 176ff.) auch Behörden befugt sind (wobei es genügt, wenn nach der lex patriae und der lex fori überhaupt solche hierzu befugt sind, gleichgültig, ob in den beiden Vertragsstaaten die öffentlichen Beamten als Antragsteller der Gattung ihrer Ämter nach gleich sind), wurde auf der Konferenz festgestellt, so daß z. B. vom Standpunkte des deutschen Rechtes der Staatsanwalt (vgl. Levis 176 N. 4) die Entmündigung beantragen kann, während dies in dem Heimatstaate durch eine richterliche oder andere Behörde geschehen muß; so daß bei Verschwendern und Trunksüchtigen die Gemeinde oder der Ortsarmenverband, welche nach Landesrecht das Antragsrecht haben, dies tun können, während im Heimatstaate ein anderer öffentlicher Verband hierfür zuständig ist (vgl. Denkschr. III 54.)

Artikel 8.

Ist die Entmündigung durch die Behörden des gewöhnlichen Aufenthalts ausgesprochen[1]), so wird die Verwaltung in Ansehung der Person und des Vermögens des Entmündigten gemäß dem Gesetze des Orts angeordnet; für die Wirkungen der Entmündigung ist dasselbe Gesetz maßgebend[2]).

Schreibt jedoch das Gesetz des Heimatstaats des Entmündigten vor, daß die Fürsorge von Rechts wegen einer bestimmten Person zukommt, so ist diese Vorschrift tunlichst zu beachten[3]).

1. Ist (nach Art. 6, 7) die Zuständigkeit der Behörde des Aufenthalts begründet, so hat diese der damit für sie durch das Abkommen bezeichneten Verpflichtung gemäß endgültige Fürsorgemaßregeln (vorbehaltlich des Rechtes des Heimatstaates, seinerseits die Fürsorge zu übernehmen, Art. 10) ohne eine besondere Rückfrage bei den Behörden des Heimatstaates zu treffen. (Denkschr. III 54.)

2. Für die Art der Fürsorge (vgl. Art. 3 des Abkommens über die Vormundschaft) soll ebenso wie für die Wirkungen der Entmündigung das örtliche Gesetz maßgebend sein, also auch für ihre eigentliche unmittelbare Wirkung; auch der Umfang (nicht der Bestand) der Geschäftsfähigkeit des Entmündigten wird vom Rechte des Vormundschaftsgerichtes bestimmt (actes 1904, 30, 34), obwohl diese sonst grundsätzlich nach dem Rechte des Staates, das für ihre Beschränkung maßgebend war, zu beurteilen ist. Es wird also, je nachdem die Vormundschaft in dem einen oder in dem anderen Vertragsstaate geführt wird und seine Vormundschaftsbehörde nach seinem Rechte im Sinne des Abkommens zuständig ist, auch das ganze Vormundschaftsrecht dieses Gerichtes

für anwendbar erklärt und, je nachdem die Vormundschaft über den Entmündigten in diesem oder jenem Lande geführt wird, ändern sich die Rechte und Pflichten des Vormundes, mit ihnen aber auch die Bestimmungen über den Umfang der genehmigungsbedürftigen Geschäfte des gesetzlichen Vertreters sowie derjenigen Rechtsakte, bei welchen seine Mitwirkung überhaupt überflüssig ist. (Vgl. Levis 134 f.) (Z. B. der in Deutschland als Verschwender entmündigte Franzose ist gemäß § 114 BGB. in seiner Geschäftsfähigkeit beschränkt, nicht aber nach Art. 513 C. c. für die in diesem bezeichneten Rechtsgeschäfte, und das deutsche Gericht nimmt keineswegs die Stellung ein, die bei einer nach den Grundsätzen des französischen Rechtes erfolgten Bestellung ein französisch rechtlicher Familienrat haben würde. Im umgekehrten Falle würde [bei einem in Frankreich entmündigten Deutschen] es nicht in Betracht kommen, daß er nach deutschem Rechte im weiteren Umfange geschäftsunfähig wäre, als er es nach französischem Rechte ist.)

3. Die lex patriae des Entmündigten ist, soweit das nach der lex fori möglich erscheint, zu beachten, soweit nach diesem die Fürsorge einer bestimmten Person (vgl. §§ 1776 f., 1897 f. BGB.), insbesondere also als eine familienrechtliche Pflicht zukommt. (Auch hier scheint das Abkommen, wie im Art. 7, eine nach dem Personalstatut zu beurteilende Befugnis anzunehmen, eine Annahme, die im Art. 7 nicht durchgeführt und hier in der Form einer dispositiven Vorschrift ausgedrückt wird.)

Artikel 9.

Eine Entmündigung, die nach vorstehenden Bestimmungen von den zuständigen Behörden ausgesprochen wird, ist, soweit es sich um die Geschäftsfähigkeit des Entmündigten und die Vormundschaft über ihn handelt[1]), in allen Vertragsstaaten wirksam, ohne daß es einer Vollstreckbarkeitserklärung bedarf.

Jedoch können Maßregeln zum Zwecke der Veröffentlichung, die das Gesetz des Ortes für eine durch die Behörden des Landes ausgesprochene Entmündigung vorschreibt, von diesem Gesetze gleicherweise auf die durch eine ausländische Behörde etwa ausgesprochene Entmündigung für anwendbar erklärt oder durch gleichartige Maßregeln ersetzt werden. Die Vertragsstaaten haben sich gegenseitig durch Vermittelung der Niederländischen Regierung die Vorschriften mitzuteilen, die sie in dieser Hinsicht erlassen haben[2]).

1. Das Gesetz des Staates, in dem die Entmündigung erfolgt, ist auch in den übrigen Vertragsstaaten in Ansehung der Wirkungen, welche die Entmündigung für die Geschäftsfähigkeit und für die Vormundschaft herbeiführt, maßgebend, soweit aber dieses Gesetz noch sonstige Wirkungen (z. B. in Hinsicht auf die elterliche Gewalt, auf das eheliche Güterrecht) herbeiführt, begründet das Abkommen keine Verpflichtung der Vertragsstaaten. (Es wird also die Frage, inwieweit der Entmündigte geschäftsunfähig oder in der Geschäftsfähigkeit beschränkt ist, ob eine Vormundschaft, Kuratel, sonstige Fürsorgemaßregeln anzuordnen sind, wie die Vormundschaft zu führen ist, inwieweit zu einem Rechtsgeschäfte die Genehmigung des Vormundschaftsgerichtes erforderlich ist, nach dem Gesetze des Staates zu beurteilen sein, in dem die Entmündigung erfolgte, und dieses Gesetz muß hierin in allen Vertragsstaaten maßgebend sein, während z. B. anderseits in dem Falle, daß ein Ausländer in Deutschland seinen

Wohnsitz hat und in Gütergemeinschaft lebt, in seinem Heimatstaate entmündigt wird, nicht das Gesetz dieses Staates, sondern das Gesetz, das für das Güterrecht der Ehegatten maßgebend ist, über die Wirkungen, welche die Entmündigung für die Gütergemeinschaft nach sich zieht, insbesondere darüber, ob die Frau deren Aufhebung verlangen kann, entscheidet [§ 1468 Nr. 4 BGB.; vgl. ferner §§ 1418 Nr. 3, 1428 Abs. 2, 1495 Nr. 4, 1676 BGB.]. Denkschr. III, 55.)

Soweit endlich neben der Entmündigung noch andere Rechtswirkungen durch den Zustand einer Person bedingt werden, bleiben sie für den Geltungsbereich des Abkommens unberücksichtigt, wie insbesondere polizeiliche Maßregeln, welche durch eine Geistesstörung gerechtfertigt werden, und die Scheidung der Entmündigung von allen Polizeimaßregeln ist auf der Konferenz ausdrücklich betont worden (actes 1904, 25f.), so daß nicht jede auf die Erklärung einer Geisteskrankheit gestützte Interdiktion ohne weiteres überall anzuerkennen ist.

2. Die Vorschriften des Abs. 2 über die Abhängigkeit der Wirksamkeit einer ausländischen Entmündigung von der inländischen Bekanntmachung sollen (nach dem Kommissionsberichte actes 1904, 36), wofern sie in einem Staate nicht beobachtet worden sind, bewirken, daß für diesen Staat die ausgesprochene Entmündigung unwirksam sei. „Man wird dies aber dahin zu verstehen haben, daß die Entmündigung innerhalb des in Betracht kommenden Staates Dritten nicht entgegen gehalten werden darf“ (Levis 108f.). Immerhin kann der Aufenthaltsstaat vorschreiben, daß, bevor diese Wirkung eintreten kann, die Maßregel des Auslandes zuerst bei ihm ö. bekannt gemacht werde. Dann datiert jene Beschränkung der Handlungsfähigkeit gegenüber gutgläubigen Dritten erst von jenem Zeitpunkte an. (Vom Standpunkte des deutschen Rechtes ist eine Entmündigung, die ein ausländischer Staat über einen Staatsangehörigen

gültig verhängt hat, ohne eine besondere Bekanntmachung unbedingt zu beachten, wofern nicht das Gesetz des zuständigen Entmündigungsstaates die Wirksamkeit der Entmündigung von einer Publikation abhängig macht.)

Artikel 10.

Ist eine Vormundschaft gemäß Artikel 8 eingeleitet[1]), so steht dies der Anordnung einer neuen Vormundschaft gemäß dem Gesetze des Heimatstaats nicht entgegen.

Von dieser Anordnung ist sobald wie möglich den Behörden des Staates Mitteilung zu machen, in dessen Gebiete die Entmündigung ausgesprochen worden ist[2]).

Das Gesetz dieses Staates entscheidet darüber, in welchem Zeitpunkte[3]) die Vormundschaft, die dort eingeleitet ist, endigt. Von diesem Zeitpunkt an ist für die Wirkungen[4]) der durch die ausländischen Behörden ausgesprochenen Entmündigung das Gesetz des Heimatstaats des Entmündigten maßgebend.

1. Die eine neue Vormundschaft anordnende Behörde könnte auch der diplomatische oder konsularische Vertreter eines Staates, der hierzu nach dessen Gesetz ermächtigt ist, sein, wofern der andere Staat nicht widerspricht, wie auf der Haager Konferenz ausdrücklich festgestellt wurde.

2. Wofern der Heimatstaat nachträglich die Fürsorge übernimmt, während in einem anderen Vertragsstaate eine Vormundschaft schon eingerichtet war, wird die Fortdauer der letzteren unterbrochen und muß aufgehoben werden, da sie (wenigstens vom Standpunkte des deutschen

Rechtes) bis zur Aufhebung weiterbesteht. (Vgl. Art. 4 Abs. 3 des Abkommens über die Vormundschaft.)

3. Bei einer Vormundschaftsführung durch den Heimatstaat und einer solchen durch den auswärtigen Wohnsitz oder Aufenthaltsstaat äußern beide Vormundschaften nebeneinander ihre Wirkungen bis zu dem Zeitpunkte, in dem die letztere Vormundschaft ihr Ende erreicht. Die Bestimmung dieses Zeitpunktes ist der Gesetzgebung des Wohnsitz- oder Aufenthaltsstaates durch das Abkommen überlassen worden. Hierüber besondere Vorschriften für Deutschland zu erlassen, insbesondere den Zeitpunkt, in dem die deutsche Vormundschaft endigt, festzusetzen, lag kein Anlaß vor (Denkschr. III 56). Nach § 47 Abs. 2 FrGG. kann das deutsche Gericht die Vormundschaft an den ausländischen Staat abgeben und muß r. A. nach dies tun bei einem ausländischen Entmündigten auf Verlangen seines Heimatstaates. (In Ansehung der Beziehungen zu Dritten, vgl. § 1893 Abs. 1 BGB.) Eine ausdrückliche Regelung des Falles, daß mehrere Wohnsitz- oder Aufenthaltsstaaten nebeneinander über den Entmündigten Vormundschaften errichten, z. B. wenn zwar der Heimatstaat sich der Fürsorge enthält, der Entmündigte aber, der seinen Wohnsitz wechselt, in jedem Wohnsitzstaate dessen Fürsorgetätigkeit unterstellt wird, fehlt dem Abkommen. (Vgl. Levis 139.)

4. (Vgl. Art. 8 Anm. 2 und das dort gegebene Beispiel.) Daß in solchen Fällen auch in den anderen Vertragsstaaten die Wirkungen der Entmündigung ohne weiteres nach dem Heimatgesetze zu beurteilen sind, ergibt sich aus Art. 10 in Verbindung mit Art. 9 Abs. 1. (Denkschr. III 56.)

Artikel 11.

Eine Entmündigung, die durch die Behörden des gewöhnlichen Aufenthalts ausgesprochen ist,

kann von den Behörden des Heimatstaats gemäß ihren Gesetzen aufgehoben werden.

Die örtlich zuständigen Behörden, welche die Entmündigung ausgesprochen haben, können sie ebenfalls aufheben, und zwar aus allen den Gründen, die in dem Gesetze des Heimatstaats oder in dem Gesetze des Orts vorgesehen sind. Der Antrag kann von jedem gestellt werden, der hierzu nach dem einen oder dem anderen dieser Gesetze ermächtigt ist[1]).

Die Entscheidungen, welche eine Entmündigung aufheben, sind ohne weiteres und ohne daß es einer Vollstreckbarkeitserklärung bedarf, in allen Vertragsstaaten wirksam[2]).

1. Die Behörden des gewöhnlichen Aufenthalts sind jedoch nicht mehr befugt, die Entmündigung wieder aufzuheben, wenn (gemäß Art. 10) im Heimatstaate eine Vormundschaft angeordnet worden ist.

2. Der Entmündigte darf damit in keinem Vertragsstaate mehr als Fürsorgebedürftiger behandelt werden. Wurde eine im Lande des gewöhnlichen Aufenthalts angeordnete Entmündigung wieder aufgehoben, so ist im Heimatstaate jederzeit ein neues Entmündigungsverfahren möglich.

Artikel 12.

Die vorstehenden Bestimmungen finden Anwendung, ohne daß zwischen beweglichem und unbeweglichem Vermögen des Entmündigten zu unterscheiden ist[1]); ausgenommen sind Grundstücke, die nach dem Gesetze der belegenen Sache einer besonderen Güterordnung unterliegen[2]).

1. Die lex rei sitae kann im Geltungsbereiche des Abkommens nur insoweit Anwendung finden, als es die im Art. 12 bezeichnete Ausnahme zuläßt. Die Anordnung einer besonderen Verwaltung nach dem Gesetze der belegenen Sache ist hier nur dann möglich, wenn die fraglichen Immobilien auch nach dem inländischen Rechte besonderen, nicht auf die Immobilien im allgemeinen nach dem Rechte dieses Landes beziehbaren Vorschriften unterliegen (z. B. Lehen, Familienfideikommisse usw.) wobei ein jeder Vertragsstaat für sein Gebiet die Bestimmung der Güter der bezeichneten Artikel durch seine Gesetzgebung vornehmen kann. (Vgl. Art. 6 des Abkommens über die Vormundschaft.)

Artikel 13.

Die in diesem Abkommen enthaltenen Regeln gelten in gleicher Weise für die Entmündigung im eigentlichen Sinne, für die Anordnung einer Kuratel, für die Bestellung eines gerichtlichen Beistandes sowie für alle anderen Maßregeln gleicher Art, soweit sie eine Beschränkung der Geschäftsfähigkeit zur Folge haben[1]).

1. Vgl. die Anm. zu Art. 1 bis 12. Es bleibt gleichgültig, ob eine Entscheidung im Sinne des Art. 13 auf Grund eines prozessualen Verfahrens oder im Wege der freiwilligen Gerichtsbarkeit ergeht.

Artikel 14.

Dieses Abkommen findet nur Anwendung auf die Entmündigung von solchen Angehörigen eines Vertragsstaats, welche ihren gewöhnlichen Aufenthalt im Gebiet eines der Vertragsstaaten haben[1]).

Jedoch findet der Artikel 3 dieses Abkommens auf alle Angehörige der Vertragsstaaten Anwendung.

1. Vgl. Artikel 9 des Abkommens über die Vormundschaft.

Artikel 15.

Dieses Abkommen soll ratifiziert und die Ratifikationsurkunden sollen im Haag hinterlegt werden, sobald sechs der Hohen Vertragsparteien hierzu in der Lage sind.

Über jede Hinterlegung von Ratifikationsurkunden soll ein Protokoll aufgenommen werden; von diesem soll eine beglaubigte Abschrift einem jeden der Vertragsstaaten auf diplomatischem Wege mitgeteilt werden.

Artikel 16.

Dieses Abkommen findet auf die europäischen Gebiete der Vertragsstaaten ohne weiteres Anwendung.

Wünscht ein Vertragsstaat die Inkraftsetzung des Abkommens in seinen außereuropäischen Gebieten, Besitzungen oder Kolonien oder in seinen Konsulargerichtsbezirken, so hat er seine hierauf gerichtete Absicht in einer Urkunde kundzugeben, die im Archive der Regierung der Niederlande hinterlegt wird. Diese wird eine beglaubigte Abschrift davon einem jeden der Vertragsstaaten auf diplomatischem Wege übersenden. Das Abkommen tritt in Kraft für die Beziehungen zwischen den Staaten, die auf diese Kundgebung mit einer zustimmenden Erklärung antworten, und den außereuropäischen Gebieten, Besitzungen oder Kolonien sowie den Konsulargerichtsbezirken, für welche die Kundgebung erfolgt ist. Die zustimmende Erklärung wird gleichfalls im Archive der Regierung der Niederlande hinterlegt, die eine beglaubigte Abschrift davon einem jeden der Vertragsstaaten auf diplomatischem Wege übersenden wird.

Artikel 17.

Die Staaten, die auf der vierten Konferenz über internationales Privatrecht vertreten waren, werden zur Zeichnung dieses Abkommens bis zu der im Artikel 15 Abs. 1 vorgesehenen Hinterlegung der Ratifikationsurkunden zugelassen.

Nach der Hinterlegung soll ihnen der vorbehaltlose Beitritt zu dem Abkommen stets freistehen. Der Staat, der beizutreten wünscht, gibt seine Absicht in einer Urkunde kund, die im Archive der Regierung der Niederlande hinterlegt wird. Diese wird eine beglaubigte Abschrift davon einem jeden der Vertragsstaaten auf diplomatischem Wege übersenden.

Artikel 18.

Dieses Abkommen tritt in Kraft am sechzigsten Tage nach der im Artikel 15 Abs. 1 vorgesehenen Hinterlegung der Ratifikationsurkunden[1]).

Im Falle des Artikel 16 Abs. 2 tritt es vier Monate nach dem Zeitpunkte der zustimmenden Erklärung und im Falle des Artikel 17 Abs. 2 am sechzigsten Tage nach dem Zeitpunkte der Kundgebung des Beitritts in Kraft.

Es versteht sich, daß die im Artikel 16 Abs. 2 vorgesehenen Kundgebungen erst erfolgen können, nachdem dieses Abkommen gemäß Abs. 1 des vorliegenden Artikels in Kraft gesetzt worden ist.

1. Diese ist zurzeit noch nicht erfolgt.

Artikel 19.

Dieses Abkommen gilt für die Dauer von fünf Jahren, gerechnet von dem im Artikel 18 Abs. 1 angegebenen Zeitpunkte.

Mit demselben Zeitpunkte beginnt der Lauf dieser Frist auch für die Staaten, die erst nachträglich beitreten, und ebenso in Ansehung der auf Grund des Artikel 16 Abs. 2 abgegebenen zustimmenden Erklärung.

In Ermangelung einer Kündigung gilt das Abkommen als stillschweigend von fünf zu fünf Jahren erneuert.

Die Kündigung muß wenigstens sechs Monate vor dem Ablaufe der im Abs. 2, 3 bezeichneten Frist der Regierung der Niederlande erklärt werden, die hiervon allen anderen Staaten Kenntnis geben wird.

Die Kündigung kann auf die außereuropäischen

Gebiete, Besitzungen oder Kolonien oder auf die Konsulargerichtsbezirke beschränkt werden, die in einer auf Grund des Artikel 16 Abs. 2 erfolgten Kundgebung aufgeführt sind.

Die Kündigung soll nur in Ansehung des Staates wirksam sein, der sie erklärt hat. Für die übrigen Vertragsstaaten bleibt das Abkommen in Kraft.

Zu Urkund dessen haben die Bevollmächtigten dieses Abkommen unterzeichnet und mit ihren Siegeln versehen.

Geschehen im Haag am 17. Juli neunzehnhundertfünf in einer einzigen Ausfertigung, die im Archive der Regierung der Niederlande zu hinterlegen ist und wovon eine beglaubigte Abschrift auf diplomatischem Wege einem jeden der Staaten übergeben werden soll, die auf der vierten Konferenz über internationales Privatrecht vertreten waren.

(Unterschriften.)

VI.

(Übersetzung.)

Abkommen über den Zivilprozeß.

Vom 17. Juli 1905.

Das neue Abkommen stimmt mit dem ersten (vgl. S. 3 f.) in den Grundzügen überein und soll wie dieses in der Hauptsache nur Bestimmungen über den internationalen Verkehr geben und das interne Recht der einzelnen Vertragsstaaten nach Möglichkeit unberührt lassen. Der „Kern“ beider Abkommen ist der gleiche, die Verpflichtung der Vertragsstaaten, auf Ersuchen anderer Vertragsstaaten Zustellungen zu bewirken und Beweiserhebungen vorzunehmen (actes 1900 78, documents 1904 9), nur daß das zweite Abkommen (im folgenden abgekürzt A. II im Gegensatze zu A. I) den Rechtshilfeverkehr noch mehr vereinfacht und Lücken des A. I, die bei der Anwendung des A. I in der Praxis sich ergaben, nach Möglichkeit ausgefüllt sind. Über die Abweichungen der Abkommen im einzelnen gibt eine kurze statistische Darstellung ihres gegenseitigen Verhältnisses einen ungefähren Überblick: Die Vorschriften über Zustellungen (A. II Art. 1 bis 7, A. I Art. 1 bis 4) stimmen überein in Art. 1 Abs. 4 A. II — Art. 1 Abs. 2, Art. 4 A. II — Art. 2 Satz 2 A. I, Art. 5 A. II — Art. 3 A. I (mit einer geringen sachlichen Abweichung), Art. 6 Abs. 1 A. II — Art. 4 Abs. 1 A. I die Vorschriften über Ersuchen (A. II Art. 8 bis 16 A. I, Art. 5 bis 10) Art. 8 A. II — Art. 5 A. I, Art. 10 A. II — Art. 6 Abs. 2 A. I, mit einer durch Art. 3 Abs. 2 bedingten Abweichung (im allgemeinen), Art. 11 A. II, Art. 7 A. I, Art. 12, 13, 14 A. II — Art. 8, 9, 10 A. II; die Vorschriften über Sicherheitsleistung für die Prozeßkosten (A. II Art. 17 bis 19 A. I, Art. 11 bis 13), Art. 17 Abs. 1 A. II, Art. 11 A. I, Art. 17 Abs. 3 (Zusatzprotokoll zu Art. 11 A. I), die Vorschriften über Armenrecht (A. II Art. 20 bis 23, A. I Art. 14 bis 16) wörtlich mit Ergänzung im Art. 15 A. II, die Vorschriften über Personalhaft (A. II Art. 24 A. I, Art. 17) darin, daß Art. 17 A. I als Satz 1 in Art. 24 übernommen ist.

Wenn das Abkommen den Umfang der Rechtshilfe bestimmt, die sich die Staaten leisten müssen. und die Kostenfrage nach drei Richtungen (Sicherheitsleistung, Vollstreckbarkeit der Kostenentscheidung, Armenrecht) regelt, wobei es sich auf den Bereich des bürgerlichen Gerichtsverfahrens im weitesten Sinne beschränkt, so erhebt es die Gewährung der Rechtshilfe im internationalen Leben zu einer universellen Pflicht der Völker, zumal da es die Zulässigkeit der Ablehnung an ganz bestimmte und enge Voraussetzungen knüpft. Es gewährleistet, daß gerichtliche und außergerichtliche Zustellungen den betreffenden Personen im Auslande auch wirklich zukommen, „daß der Prozeß nicht auf einer bedenklichen Fiktion aufgebaut wird“ (Meili), ordnet die Frage der Beweiserhebung im Vertragsgebiete und gibt damit die Möglichkeit, im Interesse der streitenden Parteien die Entscheidung zu beschleunigen und dieses Interesse insbesondere zu wahren durch die Vermeidung der Ausländerkaution, durch die Zulassung auch der Ausländer zum Armenrechte, die damit aus einer nach vielen nationalen Rechten für sie gegenüber den Inländern schlechteren Lage befreit werden. Und wenn das Abkommen die Vollstreckung inländischer Urteile bestimmter Art (soweit sie Prozeßkostenentscheidungen betreffen) für das Vertragsgebiet als eine Verpflichtung der Vertragsstaaten feststellt, schafft es einen neuen Präzedenzfall für die dringend nötige international-rechtliche Regelung, die auf vertraglicher Grundlage allgemein die Vollstreckung gerichtlicher Urteile des einen Staates in den anderen Staaten durchführt. Die Bestimmungen des Abkommens stehen im wesentlichen mit den Grundsätzen der deutschen CPO. im Einklang (insbesondere ist auch, soweit das Verhältnis zwischen dem Reich und den Bundesstaaten etwa nach § 801 ZPO. in Frage käme, durch Art. 2 RV. [in Ansehung der nach dem 1. Oktober 1879 abgeschlossenen Verträge] die Reichsgesetzgebung als allein maßgebend bezeichnet).

Seine Majestät der Deutsche Kaiser, König von Preußen, im Namen des Deutschen Reichs, Seine Majestät der König von Spanien, der Präsident der Französischen Republik, Seine Majestät der König von Italien, Seine Königliche Hoheit der Großherzog von Luxemburg, Herzog zu Nassau, Ihre Majestät die Königin der Niederlande, Seine Majestät der König von Portugal und Algarvien usw., Seine Majestät der König von Rumänien, Seine Majestät der Kaiser aller Reußen und Seine Majestät der König von Schweden und von Norwegen, im Namen Schwedens,

von dem Wunsche geleitet, an dem Abkommen vom 14. November 1896 die durch die Erfahrung eingegebenen Verbesserungen vorzunehmen, haben beschlossen, zu diesem Zwecke ein neues Abkommen zu treffen, und haben infolgedessen zu Ihren Bevollmächtigten ernannt:

(Namen.)

I. Mitteilung gerichtlicher und außergerichtlicher Urkunden.

Artikel 1.

In Zivil- oder Handelssachen[1]) erfolgt die Zustellung von Schriftstücken, die für eine im Auslande befindliche Person bestimmt sind, innerhalb der Vertragsstaaten auf einen Antrag, der vom Konsul des ersuchenden Staates an die von dem ersuchten Staate zu bezeichnende Behörde[2]) gerichtet wird[3])[4]). Der Antrag hat die Behörde, von der das übermittelte Schriftstück ausgeht, den Namen und die Stellung der Parteien, die Adresse des Empfängers, sowie die Art des in Rede stehenden Schriftstückes[5]) anzugeben und muß in der Sprache der ersuchten Behörde abgefaßt sein[6]). Diese Behörde hat dem Konsul die Urkunde zu übersenden, welche die Zustellung nachweist oder den die Zustellung hindernden Umstand ergibt[7]).

Alle Schwierigkeiten, die etwa aus Anlaß des Antrags des Konsuls entstehen, werden auf diplomatischem Wege geregelt[8]).

Jeder Vertragsstaat kann in einer an die anderen Vertragsstaaten gerichteten Mitteilung das Verlangen ausdrücken, daß der Antrag auf eine in seinem Gebiete[9]) zu bewirkende Zustellung, der die im Abs. 1 bezeichneten Angaben zu enthalten hat, auf diplomatischem Wege an ihn gerichtet werde[8]).

Die vorstehenden Bestimmungen hindern nicht, daß sich zwei Vertragsstaaten über die Zulassung des unmittelbaren Verkehrs zwischen ihren beiderseitigen Behörden verständigen[10]).

1. Die Fassung „En matière civile ou commerciale" hatte es in Ansehung des Artikel 1 A. I zweifelhaft erscheinen lassen, ob außer den Zustellungen in Zivil- und Handelssachen auch solche in Sachen der freiwilligen Gerichtsbarkeit zulässig seien. Für die durch Art. 1 A. II erfolgte Neuregelung ist jedoch ausdrücklich festgestellt worden (actes 1904 84 auch 1892 57, 66), daß hier das bürgerliche Gerichtsverfahren, auf das sich das Abkommen beschränkt, im weitesten Umfange geregelt sein soll und daß sowohl die streitige wie die freiwillige Gerichtsbarkeit, aber auch eine außerordentliche Gerichtsbarkeit, soweit es sich nur um bürgerliche Rechtssachen handelt, in seinen Bereich fallen soll.

2. Über die vom Standpunkte des deutschen Rechtes zuständige Behörde vgl. AG. § 1. (In Ansehung des deutschen Rechtes ist hier die Zuständigkeit des Reichsrechtes begründet gemäß RV. Art. 4 Ziffer 13, Art. 56.)

3. In welcher Weise dies geschieht, ist durch die interne Gesetzgebung eines jeden Vertragsstaates festzustellen.

4. Für im Auslande zu bewirkende Zustellungen ist (vom Standpunkte des deutschen Rechtes) nach dem durch das Abkommen geregelten Verfahren der deutsche Konsul als der von dem deutschen Gerichte zu ersuchende Beamte (nach § 199 ZPO.) anzusehen. An ihn kann sich das

deutsche Gericht unmittelbar wenden (§ 202 Abs. 1 ZPO.) und für den Geltungsbereich des Abkommens hat er nach Art. 1 die Möglichkeit, die Zustellung in völkerrechtlich zulässiger Weise und unter Inanspruchnahme der fremden Behörden zu bewirken; auch kann er stets nach Art. 6 an deutsche Reichsangehörige Zustellungen ohne Anwendung von Zwang vornehmen. Die zum Nachweise der Zustellung genügende, aber auch unbedingt erforderliche Bescheinigung des ersuchten Konsuls, daß und wann das zuzustellende Schriftstück dem Adressaten übergeben wurde (§ 202 Abs. 2 ZPO.), ist dem Konsul durch die in Art. 5 bezeichneten Unterlagen auszustellen ermöglicht. (Denkschr. III 59; bestimmte Vorschriften darüber, wie der Konsul die Zustellung zu bewirken habe, bestehen nicht.) (Vgl. auch Levis 241.)

5. Der Antrag muß den Namen des Aktes enthalten, die Angabe, ob das zuzustellende Schriftstück ein Urteil, eine Ladung usw. ist.

6. Für A. II ist die Frage nicht mehr streitig, ob der ersuchende Staat auf Verlangen des ersuchten eine Übersetzung der Urkunde liefern müsse. Denn nach Art. 1 Abs. 1 Satz 2 ist die Mitteilung über den Inhalt des Schriftstückes, den der Konsul in der Sprache des ersuchten Staates zu machen hat, bezeichnet, während nach Artikel 2, 3 zu folgern ist, daß der ersuchende Staat (mit dadurch veränderter Verpflichtung des ersuchten) sein Ersuchen mit und ohne Übersetzung stellen kann.

7. Auch wenn eine Zustellung im Auslande vorgenommen wird, beurteilt sich ihre Einwirkung auf das deutsche Verfahren nach deutschem Rechte, und insbesondere ist nach diesem zu prüfen, ob die Einlassungs- und Ladungsfristen gewahrt worden sind, ob eine Zustellung an Sonn- und Feiertagen möglich ist (unter der Voraussetzung, daß auch das Recht des ersuchten Staates diese Möglichkeit kennt; der ersuchte Staat, der eine Zustellung nach seinem Rechte auch an Sonn- und Feiertagen

bewirken kann, kann dies auch tun, ohne darum besonders ersucht zu sein) usw.

8. Ob ein Fall vorliegt, der nach Art. 4 zur Ablehnung berechtigen würde, wird mangels einer besonderen landesgesetzlichen Bestimmung, bei Übermittelung der Zustellung auf diplomatischem Wege mit endgültiger Entscheidung durch das Ministerium zu prüfen sein und das im Regelfalle von der Mitwirkung bei der Zustellung ausgeschlossene Ministerium des ersuchten Staates soll (Abs. 2; vgl. Art. 4) in Zweifelsfällen sofort eintreten, damit die entstandenen Meinungsverschiedenheiten zwischen den Ministerien selbst entschieden werden.

9. Sei es für den ganzen Umfang, sei es nur für einen Teil seines Gebietes. Dagegen erwächst dem betreffenden Vertragsstaate aus Abs. 3 nicht das Recht, auch seinerseits Zustellungsanträge an die anderen Vertragsstaaten auf diplomatischem Wege zu richten.

10. Deutschen Gerichten ist außerhalb des Grenzverkehrs direkter Verkehr erlaubt (teilweise mit den russischen Gerichten) mit den Gerichten der Schweiz (Übereinkommen der Schweiz mit dem Deutschen Reiche vom 1./10. Dezember 1878 RZBl. 1879, 6) und den österreichisch-ungarischen Gerichten (wobei es zweifelhaft scheint, ob grundsätzlich anderen als den preußischen Behörden der direkte Verkehr mit den ungarischen Gerichten erlaubt sei).

Artikel 2.

Für die Zustellung hat die zuständige Behörde des ersuchten Staates Sorge zu tragen. Diese Behörde kann sich, abgesehen von den im Artikel 3 vorgesehenen Fällen, darauf beschränken, die Zustellung durch Übergabe des Schriftstücks an den Empfänger zu bewirken, sofern er zur Annahme bereit ist.

1. Die Behörde des ersuchten Staates ist verpflichtet, im Rahmen des Abkommens, wofern nach diesem die Zugangsart des Zustellungsersuchens rechtlich zulässig ist, die Zustellung herbeizuführen, und zwar im Regelfalle, daß der Empfänger zur Annahme des Schriftstückes bereit ist, durch einfache Übergabe der Zustellung an diesen, ohne daß es dabei einer Befolgung der in der Landesgesetzgebung vorgeschriebenen Förmlichkeiten oder einer Mitwirkung der dort vorgesehenen Zustellungsbeamten bedarf. (Im übrigen sind auch durch das A. II die in der Praxis in Ansehung des Art. 1 entstandenen Zweifel, ob die Übermittelung gerichtlicher Urkunden mit der Übergabe an die internen Behörden [vgl. die remise au parquet du procureur in Frankreich und Italien, die Übergabe der Zitation an die Gerichtsschreiberei in Österreich] oder erst mit der Zustellung an den Adressaten erfolgt ist, nicht beseitigt worden. Ein das letztere erfordernder Antrag Belgiens wurde abgelehnt, um in die positive Gesetzgebung der einzelnen Staaten nicht einzugreifen, es wurde aber die Erwartung ausgesprochen, daß durch die interne Gesetzgebung oder besondere Staatsverträge derartige Systeme beseitigt würden. Vgl. Meili IZP. 182ff.)

Artikel 3.

Ist das zuzustellende Schriftstück in der Sprache der ersuchten Behörde oder in der zwischen den beiden beteiligten Staaten vereinbarten Sprache abgefaßt oder ist es von einer Übersetzung in eine dieser Sprache begleitet, so läßt die ersuchte Behörde, falls in dem Antrag ein dahingehender Wunsch ausgesprochen ist, das Schriftstück in der durch ihre innere Gesetzgebung für die Bewirkung gleichartiger Zustellungen vorgeschriebenen Form oder in einer besonderen Form, sofern diese ihrer Gesetzgebung nicht zuwiderläuft, zustellen. Ist ein solcher Wunsch nicht ausgesprochen, so wird die ersuchte Behörde zunächst die Übergabe nach den Vorschriften des Artikel 2 zu bewirken suchen.

Vorbehaltlich anderweitiger Übereinkunft ist die im vorstehenden Absatze vorgesehene Übersetzung von dem diplomatischen oder konsularischen Vertreter des ersuchenden Staates oder von einem beeidigten Dolmetscher des ersuchten Staates zu beglaubigen[1]).

1. Unter den Abs. 1, 2 bezeichneten Voraussetzungen soll durch Art. 3 insbesondere auch zum Ausdruck gebracht werden, daß die ersuchte Behörde unter Umständen zur Vornahme von Zwangszustellungen verpflichtet ist, denn in den Fällen, wo die Zustellung in der einfachen Form entweder wegen Verweigerung der Annahme oder aus anderen Gründen nicht ausführbar ist oder wo eine solche Zustellung dem Rechte des ersuchenden Staates nicht ausreichend erscheint, muß die ersuchte Behörde die Zustellung auf Wunsch in der durch die Gesetzgebung ihres Landes vorgeschriebenen Form oder in einer besonderen, dieser Gesetzgebung nicht zuwiderlaufenden Form, also nötigenfalls auch unter Anwendung von Zwangsmitteln, bewirken.

Artikel 4.

Die Ausführung der in den Artikeln 1, 2, 3 vorgesehenen Zustellung kann nur abgelehnt werden[1]), wenn der Staat, in dessen Gebiet sie erfolgen soll, sie für geeignet hält, seine Hoheitsrechte oder seine Sicherheit zu gefährden[2]).

1. Vgl. Art. 1 Abs. 2.

2. Wenn z. B. ein Staat oder sein Oberhaupt vor ein nach seinem Staatsrechte und nach den Grundsätzen des Staatenrechtes unzuständiges Gericht geladen wird, wenn mit der Zustellung anarchistische oder unsittliche Schriften verbreitet werden sollen, wenn es sich darum handelt, Urkunden in Umlauf zu setzen, welche auf Umsturz der Verfassung oder Gefährdung der äußeren Ruhe gerichtet sind oder Staatsgeheimnisse einem anderen (unerlaubt) zugänglich machen sollen (actes 1893 64; 1894 51 f.).

Artikel 5.

Der Nachweis der Zustellung[1]) erfolgt entweder durch ein mit Datum versehenes und beglaubigtes[2]) Empfangsbekenntnis des Empfängers oder durch ein Zeugnis der Behörde des ersuchten Staates, aus dem sich die Tatsache, die Form und die Zeit der Zustellung ergibt[3]).

Ist das zuzustellende Schriftstück in zwei gleichen Stücken übermittelt worden, so ist das Empfangsbekenntnis oder das Zeugnis auf eins der beiden Stücke zu setzen oder damit zu verbinden[4])[5]).

1. Durch den Nachweis der Zustellung wird der ersuchenden Behörde jede weitere Prüfung erspart.

2. Mangels einer besonderen Vorschrift des Abkommens ist anzunehmen, daß die Zustellungsbehörde des ersuchten Staates zu der Beglaubigung der vom Empfänger ausgestellten Anerkenntnis der Zustellung berechtigt und verpflichtet ist. (Ist diese Beglaubigung erfolgt, dann erscheint auch der ersuchende Beamte nicht berechtigt, noch eine Legalisierung zu verlangen. Actes 1893 64.)

3. (Vgl. ZPO. § 202 Abs. 2.) Ein solches ordnungsgemäßes Vollzugszeugnis, zu dessen Ausstellung die ersuchte Behörde verpflichtet ist, ist grundsätzlich nur möglich, wenn die ersuchte Behörde eine formelle Zustellung auch vorgenommen hat.

4. Es könnte für die Partei, welche die Zustellung betreibt, von Wert sein, den Nachweis der Zustellung in Verbindung mit der zugestellten Urkunde in Händen zu haben. (Vom Standpunkte des deutschen Rechtes wird es zumeist zweckmäßig [§§ 190 Abs. 2, 194 Abs. 2 ZPO. — wenn es auch nicht unbedingt nötig ist — § 198 Abs. 2 ZPO.] erscheinen, deshalb im Regelfalle eine Doppelschrift anzuschließen.)

5. Nicht besonders ausgesprochen, aber aus der Entstehungsgeschichte des Artikels (actes 1893 64) und in Ansehung des Art. 12 selbstverständlich erscheint, daß, wenn eine um eine Zustellung angegangene Behörde sich hierfür nicht als zuständig hält, sie das Ersuchen an die zuständige Stelle abzugeben hat und nur dann das Ersuchen ablehnen und zurückgeben kann, wenn in dem Gebiete des ersuchten Staates überhaupt keine zuständige Behörde sein sollte. Wird das Ersuchen unbegründeterweise nicht erledigt, so besteht das Recht, die nach dem Rechte des ersuchten Staates zulässigen Rechtsbehelfe einzulegen.

Artikel 6.

Die Bestimmungen der vorstehenden Artikel lassen unberührt:

1. die Befugnis, den im Auslande befindlichen Beteiligten Schriftstücke unmittelbar auf dem Postwege zuzusenden[1]);
2. die Befugnis der Beteiligten, die Zustellungen unmittelbar durch die zuständigen Vollziehungsbeamten oder sonst zuständigen

Beamten[2]) des Bestimmungslandes bewirken zu lassen;

3. die Befugnis jedes Staates, Zustellungen an die im Auslande befindlichen Personen unmittelbar durch seine diplomatischen oder konsularischen Vertreter bewirken zu lassen[3]).

In jedem dieser Fälle besteht die vorgesehene Befugnis nur dann, wenn Abkommen zwischen den beteiligten Staaten sie einräumen[4]) oder wenn in Ermangelung von Abkommen der Staat, in dessen Gebiete die Zustellung zu erfolgen hat, nicht widerspricht[4]). Dieser Staat kann nicht widersprechen, wenn im Falle des Abs. 1 Nr. 3 das Schriftstück ohne Anwendung von Zwang einem Angehörigen des ersuchenden Staates zugestellt werden soll).

1. Vom Standpunkte des deutschen Rechtes ist eine eigentliche Zustellung durch die Post unmöglich, da die Vorschriften der §§ 193 ff. ZPO. beobachtet werden müssen und der Postbote der Bestimmung des § 195 ZPO. nur im Geltungsbereiche des deutschen Rechtes untersteht (vgl. auch § 199 ZPO.). Anderseits ist eine Zustellung durch Aufgabe zur Post, die mit Absendung der Zustellung vollendet ist, überhaupt keine Zustellung im Auslande.

2. Z. B. Gerichtsvollzieher.

3. Vgl. Art. 15.

4. Dieser Widerspruch kann in jeder beliebigen Form zum Ausdruck kommen (actes 1904 68) und braucht nicht notwendig aus den Gesetzen (worunter auch feststehende Gewohnheiten zu verstehen sind: actes 1893 56) des ersuchten Staates hervorzugehen.

Artikel 7.

Für Zustellungen dürfen Gebühren oder Auslagen irgendwelcher Art nicht erhoben werden[1]).

Jedoch ist, vorbehaltlich anderweitiger Übereinkunft, der ersuchte Staat berechtigt, von dem ersuchenden Staate die Erstattung der Auslagen zu verlangen, die durch die Mitwirkung eines Vollziehungsbeamten oder durch die Anwendung einer besonderen Form in den Fällen des Artikel 3 entstanden sind[2]).

1. Die Vertragsstaaten sollen im Regelfalle die Zustellungen unentgeltlich besorgen (Abs. 1), wofern die Zustellung ohne Anwendung von Gewalt und ohne Anwendung einer besonderen Form in den Fällen des Art. 3 erfolgte (Abs. 2). Es muß deshalb (wofern nicht die ersuchende Behörde von vornherein ausdrücklich Beobachtung einer besonders angegebenen Form oder Zuziehung eines öffentlichen Beamten mit Zwangsgewalt [huissier] wünscht) zunächst die unentgeltliche Zustellung nach Abs. 1 versucht werden (vgl. actes 1904 89).

2. Die für die Mitwirkung der deutschen Konsuln bei der Erledigung deutscher Zustellungsanträge zu erhebenden Gebühren sind durch § 2 AG. geregelt.

II. Ersuchungsschreiben.

Artikel 8.

In Zivil- oder Handelssachen kann sich die Gerichtsbehörde eines Vertragsstaats gemäß den Vorschriften ihrer Gesetzgebung mittelst Ersuchens an die zuständige Behörde[3]) eines anderen Ver-

tragsstaats wenden, um die Vornahme einer Prozeßhandlung oder anderer gerichtlicher Handlungen²) innerhalb des Geschäftskreises dieser Behörde nachzusuchen.

1. Vgl. Art. 1 Anm. 1.

2. Beweisaufnahmen, Parteivernehmungen, Eidesabnahmen usw.

3. Die ersuchte und zur Requisition verpflichtete ausländische Behörde wird im Regelfalle, muß aber nicht notwendig ein Gericht sein (vgl. auch RG. II 372).

4. Gegenüber dem Ausdruck zuständige Behörde konnte nach Art. 11, 12 (A I 7, 8), wo nur von einer Gerichtsbehörde gesprochen wird, insbesondere aber nach Art. 11 Abs. 2 Ziffer 2, wonach ein Ersuchen abgelehnt werden darf, wenn seine Erledigung nicht in den Bereich der Gerichtsgewalt fällt, die Ansicht bestehen, daß damit die Zurückweisung eines jeden Ersuchens gerechtfertigt sei, dessen Erledigung nicht durch die Gerichtsbehörden des angegangenen Staates zu erfolgen habe. „Indessen sind Tätigkeiten, welche zu den „attributions du pouvoir judiciaire" gehören, manchmal auch anderen als Gerichtsbehörden übertragen. In solchen Fällen können diese Behörden angegangen werden und sie müssen das Ersuchen nach dem Haager Abkommen erledigen" (Levis 253 f.).

5. Die Auffassung des französischen Rechtes, wonach die commission rogatoire eine fremdländische, durch das inländische Ministerium für vollstreckbar zu erklärende Entscheidung ist, wird in den meisten Vertragsstaaten nicht geteilt (vgl. noch Art. 945 italienische ZPO.).

Artikel 9.

Die Ersuchungsschreiben werden durch den Konsul des ersuchenden Staates der von dem er-

suchten Staate zu bezeichnenden Behörde übermittelt[1]). Diese Behörde hat dem Konsul die Urkunde zu übersenden, aus der sich die Erledigung des Ersuchens oder der die Erledigung hindernde Umstand ergibt[1]).

Alle Schwierigkeiten, die etwa aus Anlaß dieser Übermittelung entstehen, werden auf diplomatischem Wege geregelt[2]).

Jeder Vertragsstaat kann in einer an die anderen Vertragsstaaten gerichteten Mitteilung das Verlangen ausdrücken, daß ihm die in seinem Gebiete zu erledigenden Ersuchungsschreiben auf diplomatischem Wege übermittelt werden[3]).

Die vorstehenden Bestimmungen schließen nicht aus, daß sich zwei Vertragsstaaten über die Zulassung der unmittelbaren Übermittelung von Ersuchungsschreiben zwischen ihren beiderseitigen Behörden verständigen[4]).

1. So daß (anders als in den Fällen des Art. 1 Abs. 1) der Konsul keinen selbständigen Antrag stellt, sondern lediglich das Ersuchungsschreiben seiner heimischen Behörde weitergibt und somit als im Sinne des § 363 Abs. 1 ZPO. die von dieser ersuchte Stelle nicht der Konsul, sondern die ausländische Behörde ist (Denkschr. III 62).
2. Vgl. Art. 1 Abs. 2.
3. Vgl. Art. 1 Abs. 3.
4. Vgl. Art. 1 Abs. 4.

Artikel 10.

Vorbehaltlich anderweitiger Übereinkunft[1]) muß das Ersuchungsschreiben in der Sprache der ersuchten Behörde oder in der zwischen den beiden beteiligten Staaten vereinbarten Sprache abgefaßt oder doch von einer Übersetzung in eine dieser Sprachen begleitet sein, die durch einen diplomatischen oder konsularischen Vertreter des ersuchenden Staates oder einen beeidigten Dolmetscher des ersuchten Staates beglaubigt ist[2][3]).

1. Solche bestehen in weiterem Umfange, so daß meistens Übersetzungen nicht angeschlossen werden.

2. Entsprechend Artikel 3 Abs. 2.

3. Für die nach dem Abkommen innerhalb des Deutschen Reiches zu erledigenden Ersuchen ausländischer Behörden vgl. § 3 AG.

Artikel 11.

Die Gerichtsbehörde, an die das Ersuchen gerichtet wird, ist verpflichtet, ihm zu entsprechen und dabei dieselben Zwangsmittel anzuwenden, wie bei der Erledigung eines Ersuchens der Behörden des ersuchten Staates oder eines zum gleichen Zwecke gestellten Antrags einer beteiligten Partei. Diese Zwangsmittel brauchen nicht angewendet zu werden, wenn es sich um das persönliche Erscheinen streitender Parteien handelt[1]).

Die ersuchende Behörde ist auf ihr Verlangen von der Zeit und dem Orte der auf das Ersuchen vorzunehmenden Handlung zu benachrichtigen, damit die beteiligte Partei ihr beizuwohnen in der Lage ist[2]).

Die Erledigung des Ersuchens kann nur abgelehnt werden:

1. **wenn die Echtheit der Urkunde nicht feststeht**[3]**;**
2. **wenn in dem ersuchten Staate die Erledigung des Ersuchens nicht in den Bereich der Gerichtsgewalt fällt**[4]**;**
3. **wenn der Staat, in dessen Gebiete die Erledigung stattfinden soll, sie für geeignet hält, seine Hoheitsrechte oder seine Sicherheit zu gefährden**[5]**.**

1. Dies bezieht sich nur auf die Partei als solche (vgl. actes 1904 93, 70, 145; Levis 291) in ihrer Eigenschaft als Verfahrensbeteiligter, nicht aber, wofern sie als Beweismittel (wie bei einem Entmündigungsverfahren) in Betracht kommt. Inwieweit dann Zwangsmittel, wie Vorführung oder körperliche Untersuchung, anzuwenden sind, bestimmt sich nach Abs. 1 Satz 1. Inwieweit eine unmittelbare zwangsweise zu verwirklichende Verpflichtung zur Duldung der Vornahme eines Wahrnehmungsbeweises, zur Vorlegung von Urkunden besteht, entscheidet die lex fori, während das Recht des ersuchenden Staates dafür maßgebend bleibt, ob die Nichtbefolgung der Anordnung, welche Duldung einer Augenscheinnahme verlangt, ob die Nichtvorlage von Urkunden durch die Verfahrensbeteiligten und natürlich nur in Ansehung dieser prozessuale Nachteile herbeiführt. (Diese Ansicht ist streitig.)

Es handelt sich hier insbesondere auch um das Recht der Beteiligten, einer Beweisaufnahme beizuwohnen. (Die Frage der Beweiserhebungen im Auslande, z. B. welche Beweismittel zulässig sind, welchen Beweiswert eine solche Beweisaufnahme hat, insbesondere in Ansehung der Form der Beurkundung der Beweisaufnahme usw., kann hier nicht erörtert werden, obwohl gerade ihre Lösung auch im Rahmen des Abkommens viele Schwierigkeiten bietet.)

3. Die Gerichtsbehörde, an die das Ersuchen gerichtet ist, darf lediglich die Echtheit des Ersuchungsschreibens prüfen und eine weitere Prüfung ist ihr durch das Abkommen nicht vorbehalten, so daß sie, wenn die Echtheit der Urkunde feststeht, dem Ersuchen zu folgen hat. Insbesondere ist die Zuständigkeit der ersuchenden Behörde von ihr nicht zu prüfen (actes 1893 65); sie kann nicht eine Beweiserhebung ablehnen, die zur Vorbereitung einer dem Rechte ihres Staates unbekannten rechtlichen Anordnung führt, sie kann auch nicht das Ersuchen ablehnen, weil es überflüssig ist. (Inwieweit die Ansicht zu Recht besteht, daß die Erledigung von Ersuchen, die ohne Schwierigkeit von den Beteiligten bewirkt werden kann, wie z. B. die Bekanntmachung in öffentlichen Blättern, als nicht in den Bereich der Gerichtsgewalt fallend anzusehen ist, ist streitig, insbesondere dahin, ob es sich hier überhaupt um Rechtshilfe handele.) Bestehen Zweifel an der Echtheit der Urkunde (oder fehlt insbesondere auch die erforderte Übersetzung), so wird zumeist nur Grund zu einer Beanstandung, aber nicht zu einer endgültigen Ablehnung gegeben sein.

4. Vgl. Art. 4. Wofern nicht Artikel 12 in Frage kommt, wird auch in den hier bezeichneten Fällen eine endgültige Ablehnung getroffen werden (actes 1893 65).

5. Vgl. Art. 1. Hier wird zumeist die in Betracht kommende Zentralbehörde eine Entscheidung als endgültige Ablehnung treffen.

Artikel 12.

Im Falle der Unzuständigkeit[1]) der ersuchten Behörde ist das Ersuchen von Amts wegen an die zuständige Gerichtsbehörde desselben Staates nach

den von dessen Gesetzgebung aufgestellten Regeln abzugeben[2])[3]).

1. Für den Fall, daß das requisierte Gericht nicht (örtlich) zuständig oder nicht mehr zuständig sein sollte, das Ersuchen an das wirklich kompetente Gericht weiterzugeben, sofern die Handlung, um deren Vornahme ersucht wird, noch in den Bereich der Gerichtsgewalt fällt.

2. Nach dem Rechte des angegangenen Staates entscheidet es sich, ob das ersuchte Gericht ohne weiteres selbst seine Inkompetenz aussprechen darf oder ob hier ein besonderes Verfahren nötig ist (wie z. B. in Spanien actes 1894 34, 53).

3. Für den Fall, daß nach Ansicht des ersuchten Richters ein anderer Staat zuständig ist und das Ersuchen nicht einfach zurückgegeben wird, könnte es auch (mangels einer besonderen Bestimmung des Abkommens) sofort an die kompetente Behörde weitergeleitet werden (vom Standpunkte des deutschen Rechtes wäre dies nach § 365 ZPO. möglich).

Artikel 13.

In allen Fällen, in denen das Ersuchen von der ersuchten Behörde nicht erledigt wird, hat diese die ersuchende Behörde hiervon unverzüglich zu benachrichtigen, und zwar im Falle des Artikel 11 unter Angabe der Gründe, aus denen die Erledigung des Ersuchens abgelehnt worden ist, und im Falle des Artikel 12 unter Bezeichnung der Behörde, an die das Ersuchen abgegeben wird.

Artikel 14.

Die Gerichtsbehörde, die zur Erledigung eines Ersuchens schreitet, hat in Ansehung der zu beobachtenden Formen die Gesetze ihres Landes anzuwenden.

Jedoch ist dem Antrage der ersuchenden Behörde, daß nach einer besonderen Form verfahren werde, zu entsprechen, sofern diese Form der Gesetzgebung des ersuchten Staates nicht zuwiderläuft[1]).

1. Insbesondere in Ansehung derjenigen Gesetzgebungen, welche den Eid bei den Parteien, Zeugen, Sachverständigen ausschließen oder Anwesenheit der Parteien und ihrer Vertreter bei den Zeugenvernehmungen nicht gestatten (vgl. Meili IZP. 55); ob die Beweisaufnahme in einem solchen Falle vollgültig ist, wenn der ersuchte Richter nur sein eigenes Recht beachtet hat, ist streitig. Jedenfalls könnte u. U. auch in dem Falle, daß weder die inländische noch die ausländische Form gewahrt wurde, das Beweisergebnis nach seinem Rechte über die zulässigen Beweismittel wertvoll sein. Wie das Gesetz des ersuchten Richters maßgebend sein muß für ein Zeugeneinvernahmeverfahren, für die Entscheidung darüber, wer Zeuge (oder Sachverständiger) sein kann und über was er in dieser Eigenschaft berichten kann, für die Zulässigkeit der Zeugnisverweigerung, für die Bestimmung der Pflicht, vor Gericht zu erscheinen, Zeugnis zu geben und dies eidlich zu erhärten usw., so bleibt natürlich das Recht des ersuchenden Richters dafür maßgebend, in welchem Umfange die Aussage durch den Eid gesichert wird usw.

2. Nach den Gesetzen des ersuchten Gerichtes ist auch zu beurteilen, ob gegen eine Entscheidung oder Anordnung dieses Gerichtes prozessuale Rechtsmittel gegeben sind und wer von diesen Rechtsmitteln Gebrauch machen kann.

Artikel 15.

Nicht ausgeschlossen wird durch die Bestimmungen der vorstehenden Artikel die Befugnis jedes Staates, die Ersuchen unmittelbar durch seine diplomatischen oder konsularischen Vertreter erledigen zu lassen, wenn Abkommen zwischen den beteiligten Staaten dies zulassen oder wenn der Staat, in dessen Gebiete das Ersuchen erledigt werden soll, nicht widerspricht[1]).

1. Damit ist die Verpflichtung des Empfangsstaates, mangels der bezeichneten Voraussetzungen, eine konsularische Beweiserhebung zu dulden, selbst wenn sie nur in persönliche Rechte eines Angehörigen des von ihm vertretenen Staates eingreift, verneint. (Actes 1904 71 ff., 1894 208.)

2. In Deutschland wird (auf Grund des § 20 KG.) von der durch den Artikel bezeichneten Art einer unmittelbaren Erledigung der Rechtshilfsersuchen ein umfassender Gebrauch gemacht. „Sie bietet den Vorteil, daß dabei sprachliche Schwierigkeiten vermieden werden und daß die Erledigung der Ersuchen auch sonst den Verhältnissen des ersuchenden Staates Rechnung trägt." (Denkschr. III 63.)

Artikel 16.

Für die Erledigung von Ersuchen dürfen Gebühren oder Auslagen irgendwelcher Art nicht erhoben werden[1]).

Jedoch ist, vorbehaltlich anderweitiger Übereinkunft, der ersuchte Staat berechtigt, von dem ersuchenden Staate die Erstattung der an Zeugen oder Sachverständige gezahlten Entschädigungen sowie der Auslagen zu verlangen, welche für die wegen Nichterscheinens der Zeugen erforderlich gewordene Mitwirkung eines Vollziehungsbeamten oder durch die etwaige Anwendung des Artikel 14 Abs. 2 entstanden sind [2])[3]).

1. Vgl. Art. 7 Abs. 1.

2. Ob diese Ausnahmen vom Grundsatze der Rechtshilfe, die auf der Anschauung beruhen, daß der ersuchende Staat, insoweit der ersuchte Staat Geldzahlungen leistet, diese ersetzen muß, nach Abs. 2 genügend (es fehlen z. B. Kosten einer öffentlichen Bekanntmachung) bezeichnet sind, ist mit Recht bezweifelt worden. Jedenfalls trifft aber stets die Ersatzpflicht den ersuchenden Staat, und eine unmittelbare Verbindlichkeit für diejenigen, für die er um Rechtshilfe ersucht, besteht nicht.

3. Regelung der Gebühren für die Mitwirkung der deutschen Konsuln bei Erledigung deutscher Rechtshilfeersuchen an ausländische Behörden: § 4 AG.

III. Sicherheitsleistung für die Prozeßkosten.

Artikel 17.

Keine Sicherheitsleistung oder Hinterlegung, unter welcher Benennung es auch sei, darf den Angehörigen eines der Vertragsstaaten, die in einem dieser Staaten ihren Wohnsitz haben, und vor den Gerichten eines anderen dieser Staaten als Kläger oder Intervenienten auftreten, wegen ihrer Eigenschaft als Ausländer oder wegen Mangels eines inländischen Wohnsitzes oder Aufenthalts auferlegt werden [1]).

Die gleiche Regel findet Anwendung auf die Vorauszahlung, die von den Klägern oder Intervenienten zur Deckung der Gerichtskosten einzufordern wäre [2]).

Die Abkommen, wodurch etwa Vertragsstaaten für ihre Angehörigen ohne Rücksicht auf den Wohnsitz Befreiung von der Sicherheitsleistung für die Prozeßkosten oder von der Vorauszahlung der Gerichtskosten vereinbart haben, finden auch weiter Anwendung[3]).

1. (Vgl. Art. 11 A I.) Die Sicherheitsleistung des ausländischen Klägers dem Beklagten gegenüber wegen der Prozeßkosten, mag sie auf eine fremde Staatsangehörigkeit oder auf den Mangel eines Wohnsitzes im Inlande gegründet werden, ist damit für die Angehörigen der Vertragsstaaten in dem Gesamtgebiete der letzteren beseitigt worden, so daß sich jeder ausländische Kläger auf die Befreiung von der Sicherheitsleistung berufen kann, sofern er in einem der Vertragsstaaten wohnt, und auch diese Bedingung ist für Angehörige solcher Vertragsstaaten, die miteinander hierüber Sonderabkommen geschlossen haben, beseitigt worden (Abs. 3; vgl. Zusatzprotokoll zu Art. 11 A I). Vom Standpunkte des deutschen Rechtes ist (gemäß § 110 ZPO.) die Verpflichtung der Ausländer zur Sicherheitsleistung zwar an sich beibehalten (der nunmehr durch Abs. 1 Art. 17, soweit die Bedingung des Wohnsitzes im Vertragsgebiet erfüllt ist, für den Geltungsbereich des Abkommens außer Anwendung gesetzt ist), zugleich aber auch bestimmt worden, daß die Verpflichtung nicht eintreten solle, wenn nach den Gesetzen des Staates, welchem der Kläger angehört, ein Deutscher im gleichen Falle zur Sicherheitsleistung nicht verpflichtet ist. In Ansehung des Art. 17 Abs. 3 werden (abgesehen davon, daß in einigen Staaten: in Italien, Dänemark, Norwegen, die Gesetzgebung von einer Verpflichtung zur Sicherheitsleistung überhaupt absieht) die folgenden in ihrer Tragweite nicht zweifellosen Staatsverträge in Betracht kommen: Bekanntmachung

über die wechselseitige Befreiung der Angehörigen des Deutschen Reiches und Rußlands von der Kautionspflicht vom 30. September 1897 RGBl. 775, und für Kläger, denen das Armenrecht bewilligt ist, die Übereinkommen mit Belgien vom 18. Oktober 1878, Luxemburg vom 12. Juni 1879, Frankreich vom 20. Februar 1880, Österreich-Ungarn vom 9. Mai 1886 (RGBl. 1879 316, 318; 1881 86; 1887 120; vgl. Denkschr. I 8f.).

2. Durch Abs. 2 wird ausdrücklich festgestellt, daß sich der Grundsatz des Abs. 1 nicht nur auf die Sicherheitsleistung des ausländischen Klägers gegenüber dem Gegner, sondern auch auf die (in einzelnen Vertragsstaaten, z. B. in Deutschland nach § 85 GKG., gegenüber dem Gerichte bestehende) Verpflichtung zur Zahlung eines höheren Vorschusses für die Gerichtskosten erstreckt, so daß damit jeder Zweifel aus der Überschrift caution judicatum solvi beseitigt ist.

3. Vgl. Anm. 1.

Artikel 18.

Ergeht in einem der Vertragsstaaten eine Verurteilung in die Prozeßkosten[1]) gegen einen Kläger oder Intervenienten, der von Sicherheitsleistung, Hinterlegung oder Vorauszahlung auf Grund des Artikel 17 Abs. 1, 2 oder eines im Staate der Klageerhebung geltenden Gesetzes befreit ist, so ist diese Verurteilung gemäß einem auf diplomatischem Wege zu stellenden Antrag in jedem der anderen Vertragsstaaten durch die zuständige Behörde kostenfrei für vollstreckbar zu erklären[3]).

Die gleiche Regel findet Anwendung auf gerichtliche Entscheidungen, durch die der Betrag der Kosten des Prozesses später festgesetzt wird[4]).

Die vorhergehenden Bestimmungen hindern nicht, daß sich zwei Vertragsstaaten dahin verständigen, auch die Stellung eines Antrags auf Vollstreckbarkeitserklärung unmittelbar durch die beteiligte Partei zu gestatten[5]).

1. Was unter dem Begriff „frais et dépens du procès" fällt, ist nach des Staates Gesetzen, von dessen Gerichten die Verurteilung in die Kosten erfolgt, zu entscheiden.

2. Kläger im Sinne des Abkommens (vgl. Art. 1; vgl. auch § 110 ZPO.) ist auch ein jeder, welcher ein Verfahren der freiwilligen Gerichtsbarkeit veranlaßt, soweit er als Kostenpflichtiger in Betracht kommt.

3. Dem Verfahren ist somit von Amts wegen, nicht mehr auf unmittelbaren Antrag der Beteiligten Fortgang zu geben (wofern Abs. 3 nicht in Betracht kommt).

4. Also z. B. in Deutschland auf Grund der §§ 104 ff. ZPO. erlassene Kostenfestsetzungsbeschlüsse (Denkschr. III 64).

5. Abgesehen von dem bezeichneten, auf Grund besonderer Vereinbarung möglichen Parteibetrieb, wird ein Beteiligter in jedem der Vertragsstaaten nach dessen innerer Gesetzgebung die Vollstreckbarkeitserklärung betreiben können, wobei dann die besonderen Vergünstigungen des Art. 19 nicht in Betracht kommen.

Artikel 19.

Die Kostenentscheidungen werden ohne Anhören der Parteien, jedoch unbeschadet eines späteren Rekurses der verurteilten Partei, gemäß der Gesetzgebung des Landes, wo die Vollstreckung betrieben wird, für vollstreckbar erklärt[1]).

Die für die Entscheidung über den Antrag auf Vollstreckbarkeitserklärung zuständige Behörde hat[2]) ihre Prüfung darauf zu beschränken:

1. ob nach dem Gesetze des Landes, wo die Verurteilung ausgesprochen ist, die Ausfertigung der Entscheidung die für ihre Beweiskraft erforderlichen Bedingungen erfüllt[3]);
2. ob nach demselben Gesetze die Entscheidung die Rechtskraft erlangt hat[4]);
3. ob der entscheidende Teil der Entscheidung in der Sprache der ersuchten Behörde oder in der zwischen den beiden beteiligten Staaten vereinbarten Sprache abgefaßt ist oder doch von einer Übersetzung in eine dieser Sprachen begleitet wird, die vorbehaltlich anderweitiger Übereinkunft durch einen diplomatischen oder konsularischen Vertreter des ersuchenden Staates oder einen beeidigten Dolmetscher des ersuchten Staates beglaubigt ist[5]).

Den Erfordernissen des Abs. 2 Nr. 1, 2 wird genügt durch eine Erklärung der zuständigen Behörde des ersuchenden Staates, daß die Entscheidung die Rechtskraft erlangt hat[6]). Die Zuständigkeit dieser Behörde ist, vorbehaltlich anderweitiger Übereinkunft, durch den höchsten Justizverwaltungsbeamten des ersuchenden Staates zu bescheinigen[7]). Die Erklärung und die Bescheinigung, die soeben erwähnt sind, müssen nach Maßgabe des Abs. 2 Nr. 3 abgefaßt oder übersetzt sein[8])[9])[10]).

1. Damit erhält die Partei ohne Anspruch von Zeit und Geld einen vollstreckbaren Titel gegen den Kostenschuldner (Denkschr. III 64).

2. Die Zuständigkeit für die Erlassung des Vollstreckungsurteils richtet sich nach dem aus der inneren Gesetzgebung sich ergebenden Gerichtsstande des verurteilten Klägers.

3. Es ist lediglich zu prüfen, ob die Echtheit und die gehörige Form der Ausfertigung der Entscheidung besteht. Vom Standpunkte des deutschen Rechtes genügt also eine vom Gerichtsschreiber erteilte Ausfertigung der Entscheidung, welche regelmäßig zu beglaubigen ist und aus der sich klar ergeben muß: zwischen welchen Beteiligten das Verfahren schwebte, welches Gericht die Entscheidung erließ und was verfügt wurde.

4. (Es scheint r. A. nach (abweichend die Gerichte einzelner Vertragsstaaten) nicht genügend, daß der Entscheid nach deutschem Rechte vollstreckbar oder einstweilen nicht angefochten sei, es muß vielmehr wirkliche Rechtskraft vorliegen (und es ist insbesondere vom Standpunkte des deutschen Rechtes aus zu betonen, daß der Kostenfestsetzungsbeschluß erst dann rechtskräftig ist, sobald die ihm zugrunde liegende Entscheidung, welche die Kostenpflicht ausspricht, unanfechtbar ist und daß jener Entschluß und diese Entscheidung zusammen die durch Abs. 2 erforderte rechtskräftige Kostenfestsetzung bilden, daß aber die Verfügung, welche die Kosten festsetzt und die mit Ablauf der sofortigen Beschwerdefrist rechtskräftig wird, nicht als vollstreckbarer Titel im Sinne des Artikels anzusehen ist; vgl. Levis 302 f. Jedoch AG. 9).

5. Die übrigen Voraussetzungen, von denen die interne Gesetzgebung die Vollstreckbarkeitserklärung abhängig macht, fallen fort: die Zuständigkeit des ausländischen Gerichtes, welches die Verurteilung in die Prozeßkosten ausgesprochen hat, ist nicht nachzuprüfen, zumal da ja nur eine Entscheidung desjenigen Gerichts in Frage kommen kann, das der in die Kosten verurteilte Kläger selbst angegangen hat.

6. Die Rechtskraft der deutschen Erkenntnis ist zunächst vom Gerichtsschreiber zu bescheinigen und

7. der Justizminister des einzelnen Bundesstaates hat die Zuständigkeit des Gerichtsschreibers zu beurkunden (kommt ein gemeinschaftliches Gericht mehrerer Bundesstaaten in Betracht, so ergibt sich aus der Einrichtung desselben, welcher Minister für die Beurkundung des vom Gerichtsschreiber auszustellenden Rechtskraftzeugnisses berufen ist). Bezeugt der Gerichtsschreiber des RG. die Rechtskraft, so ist der Reichskanzler (bzw. sein Stellvertreter) hierzu berufen (vgl. S. 162f.).

8. Auch diese Erklärung kann natürlich in einem etwaigen Rekursverfahren angefochten werden (vgl. S. 163f.).

9. Vgl. Art. 3, 10.

10. Ergänzende prozessuale Vorschriften für die Vollstreckung von Kostenentscheidungen nach Art. 18, 19 in Deutschland sind in den §§ 5 bis 9 des AG. gegeben.

IV. Armenrecht.

Artikel 20.

Die Angehörigen eines jeden der Vertragsstaaten werden zur Wohltat des Armenrechtes in allen anderen Vertragsstaaten ebenso wie die eigenen Staatsangehörigen zugelassen, sofern sie

sich nach der Gesetzgebung des Staates richten, wo das Armenrecht nachgesucht wird[1]).

1. (Vom Standpunkte des deutschen Rechtes überhaupt zu vgl. § 114 Abs. 2 ZPO.; § 14 FGG.)

Artikel 21.

In allen Fällen muß die Bescheinigung oder die Erklärung des Unvermögens von den Behörden des gewöhnlichen Aufenthaltsorts des Ausländers, oder, in Ermangelung eines solchen, von den Behörden seines derzeitigen Aufenthaltsorts ausgestellt oder entgegengenommen sein[1]). Gehören diese Behörden keinem Vertragsstaat an und werden von ihnen solche Bescheinigungen oder Erklärungen nicht ausgestellt oder entgegengenommen, so genügt die Ausstellung oder Entgegennahme der Bescheinigung oder der Erklärung durch einen diplomatischen oder konsularischen Vertreter des Landes, dem der Ausländer angehört.

Hält der Antragsteller sich nicht in dem Lande auf, wo das Armenrecht nachgesucht wird, so ist die Bescheinigung oder die Erklärung des Unvermögens kostenfrei von einem diplomatischen oder konsularischen Vertreter des Landes, wo die Urkunde vorgelegt werden soll, zu beglaubigen[2]).

1. In einzelnen Vertragsstaaten, z. B. in Belgien, wird eine Erklärung des Antragstellers bezüglich seines Unvermögens zur Bestreitung der Prozeßkosten erfordert.

2. Vom Standpunkte des deutschen Rechtes soll dieses Zeugnis enthalten: die Angabe des Standes oder

Gewerbes, des Vermögens und der Familienverhältnisse der Partei sowie des Betrages der von dieser zu entrichtenden direkten Staatssteuer (vgl. dazu Art. 22 Abs. 2).

Artikel 22.

Die zur Ausstellung der Bescheinigung oder zur Entgegennahme der Erklärung über das Unvermögen zuständige Behörde kann bei den Behörden der anderen Vertragsstaaten Auskünfte über die Vermögenslage des Antragstellers einziehen[1]).

Die Behörde, die über den Antrag auf Bewilligung des Armenrechts zu entscheiden hat, behält in den Grenzen ihrer Amtsbefugnisse das Recht, die ihr vorgelegten Bescheinigungen, Erklärungen und Auskünfte einer Nachprüfung zu unterziehen[2]).

1. Hierbei können nicht nur gerichtliche, sondern auch Verwaltungsbehörden in Frage kommen. Hinsichtlich des Geschäftsverkehres mit ihnen gilt, daß der diplomatische Weg offen steht, wofern nicht ein einfacher zugelassen ist. Daß die Ermittelungen auch dann zulässig sind, wenn der Ausländer in dem Vertragsstaate, in dem er wohnt, das Armenrecht in Anspruch nimmt, ergibt die Fassung des Artikels.

2. Es könnten insbesondere dritte Personen ermittelt werden, gegen welche der Arme einen Anspruch auf Erstattung der Kosten nach materiellem Rechte hätte. Dieser Anspruch an sich würde noch nicht zur Abweisung des Armenrechtsgesuches führen, aber diese müßte erfolgen, wenn der Arme rechtlich und tatsächlich in der Lage wäre, seinen Kostenersatzanspruch ohne weiteres zu ver-

wirklichen; denn grundsätzlich muß bei der Feststellung der Armut dasjenige Vermögen in Betracht gezogen werden, über das die das Armenrecht nachsuchende Person unmittelbar oder ohne weitere Schwierigkeiten verfügen kann (Schott, Armenrecht 79f; dazu Levis 298 111).

Artikel 23.

Ist die Wohltat des Armenrechts dem Angehörigen eines der Vertragsstaaten bewilligt worden, so werden für Zustellungen[1]), die sich auf denselben Prozeß beziehen und die in einem andern dieser Staaten zu bewirken sind, von dem ersuchenden Staate dem ersuchten Staate nur die Auslagen erstattet, die durch die Anwendung einer besonderen Form auf Grund des Artikel 3 entstanden sind.

In demselben Falle werden für die Erledigung von Ersuchen dem ersuchten Staate von dem ersuchenden Staate nur die an Zeugen oder Sachverständige gezahlten Entschädigungen sowie die durch die etwaige Anwendung des Artikel 14 Abs. 2 erforderlich gewordenen Auslagen erstattet.

1. So daß grundsätzlich in Ansehung der bei dem Rechtshilfeverkehr in Armensachen entstehenden Kosten auch die Mitwirkung der Vollziehungsbeamten sowohl bei den Zustellungen wie bei Erledigung der Ersuchen unentgeltlich zur Verfügung gestellt werden soll.

2. Artikel 23 regelt nur das Recht des einen Vertragsstaates, dem anderen Vertragsstaate Kosten anzurechnen, nicht aber den Fall, daß es vom Gerichte der Partei überlassen wird, eine Beweisaufnahme im Aus-

lande herbeizuführen usw., so daß hierauf grundsätzlich die Vorschriften des Abkommens nicht zu beziehen sind.

3. Kommt einer Partei, welche keinem Vertragsstaate angehört, das Armenrecht zu und bleibt infolgedessen der Prozeßgegner, welcher Angehöriger eines Vertragstaates ist, von der Entrichtung der Kosten befreit (§ 120 ZPO.), so ist der ersuchte Staat berechtigt, im Rahmen des Abkommens Kostenersatz zu verlangen. (Vgl. Levis 299.)

4. Zweifelhaft erscheint der Fall, daß die eine einem Vertragsstaate angehörende Partei das Armenrecht besitzt, der Gegner Beweisführer ist und nach der lex fori für die Kosten haftet. Nach der Entstehungsgeschichte des Artikels actes 1904, 77, 99, 276 f.) ist wohl anzunehmen, daß seine Bestimmungen dem Gegner der armen Partei nichts nützen sollen, und soweit sich der ersuchende Staat bei diesem für die verausgabten Rechtshilfekosten erholen kann, kann der ersuchte Staat Kostenersatz verlangen. Und diese Einengung des Wortlautes des Artikels ergibt als weitere Folgerung, daß, wenn der ersuchende Staat nach seinem Rechte die von den zum Armenrechte zugelassenen Beteiligten die Kosten beitreiben kann, der ersuchte Staat Kostenersatz im vollen Umfange beanspruchen dürfen wird. (Vgl. Levis 299 ff.) Zwar verwirklicht das Armenrecht einerseits einen Grundsatz internationaler Humanität, dessen kollisionsrechtliche Sicherung gewiß nicht durch kleinlich erscheinende Bedenken erschüttert werden darf; anderseits aber geben die eben gemachten Vorbehalte Mittel, eine böswillige Ausnutzung des Armenrechtes nach Möglichkeit zu hindern.

V. Personalhaft.

Artikel 24.

In Zivil- oder Handelssachen darf die Personalhaft sowohl als Mittel der Zwangsvollstreckung wie auch lediglich als Sicherungsmaßregel gegen die einem der Vertragsstaaten angehörenden Ausländer nur in den Fällen angewendet werden, in denen sie auch gegen Landesangehörige anwendbar sein würde[1]).

Eine Tatsache, auf Grund deren ein im Inlande wohnhafter Inländer die Aufhebung der Personalhaft beantragen kann, soll zugunsten des Angehörigen eines Vertragsstaats die gleiche Wirkung auch dann haben, wenn sich diese Tatsache im Ausland ereignet hat[2]).

1. Vgl. insbesondere die Sondervorschriften der niederländischen ZPO. Art. 585 Nr. 10 und Art. 768.

2. Da die Gesetzgebung einzelner Vertragsstaaten die Aufhebung der Personalhaft an Bedingungen knüpft, deren Erfüllung einen Wohnsitz des Schuldners im Inlande zur Voraussetzung hat (z. B. der Einfluß der Konkurseröffnung auf die Personalhaft derart gesetzlich bestimmt ist, daß eine solche zwar aufgehoben werden soll, wenn im Inlande über das Vermögen des Schuldners der Konkurs eröffnet wird, diese Eröffnung aber nur in Ansehung eines solchen Schuldners geschehen kann, der seinen Wohnsitz im Inlande hat, so daß der im Auslande wohnende Schuldner, auch wenn er Inländer ist, sich nicht von der Personalhaft durch Herbeiführung des Konkurses befreien kann) wird für den Geltungsbereich des Abkommens bestimmt, daß die Aufhebung der Personalhaft unabhängig davon sein muß, ob die sie begründende Tatsache sich im Inland oder Ausland ereignet hat, und daß damit ebenso der im Auslande wie der im Inlande herbeigeführte Konkurs die Aufhebung der Personalhaft zur Folge hat, so daß sich der im Auslande wohnende Ausländer von ihr in

gleicher Weise befreien kann wie der im Inlande wohnende Inländer. (Denkschr. III 69.)

VI. Schlußbestimmungen.

Artikel 25.

Dieses Abkommen soll ratifiziert und die Ratifikationsurkunden sollen im Haag hinterlegt werden, sobald sechs der Hohen Vertragsparteien hierzu in der Lage sind.

Über jede Hinterlegung von Ratifikationsurkunden soll ein Protokoll aufgenommen werden; von diesem soll eine beglaubigte Abschrift einem jeden der Vertragsstaaten auf diplomatischem Wege mitgeteilt werden.

Artikel 26.

Dieses Abkommen findet auf die europäischen Gebiete der Vertragsstaaten ohne weiteres Anwendung.

Wünscht ein Vertragsstaat die Inkraftsetzung des Abkommens in seinen außereuropäischen Gebieten, Besitzungen oder Kolonien oder in seinen Konsulargerichtsbezirken, so hat er seine hierauf gerichtete Absicht in einer Urkunde kundzugeben, die im Archiv der Regierung der Niederlande hinterlegt wird. Diese wird eine beglaubigte Abschrift davon einem jeden der Vertragsstaaten auf diplomatischem Wege übersenden. Das Abkommen tritt in Kraft für die Beziehungen zwischen den

Staaten, die auf diese Kundgebung mit einer zustimmenden Erklärung antworten, und den außereuropäischen Gebieten, Besitzungen oder Kolonien, sowie den Konsulargerichtsbezirken, für welche die Kundgebung erfolgt ist. Die zustimmende Erklärung wird gleichfalls im Archiv der Regierung der Niederlande hinterlegt, die eine beglaubigte Abschrift davon einem jeden der Vertragsstaaten auf diplomatischem Wege übersenden wird.

Artikel 27.

Die Staaten, die auf der vierten Konferenz über internationales Privatrecht vertreten waren, werden zur Zeichnung dieses Abkommens bis zu der im Artikel 25 Abs. 1 vorgesehenen Hinterlegung der Ratifikationsurkunden zugelassen.

Nach dieser Hinterlegung soll ihnen der vorbehaltlose Beitritt zu dem Abkommen stets freistehen. Der Staat, der beizutreten wünscht, gibt seine Absicht in einer Urkunde kund, die im Archiv der Regierung der Niederlande hinterlegt wird. Diese wird eine beglaubigte Abschrift davon einem jeden der Vertragsstaaten auf diplomatischem Wege übersenden.

Artikel 28.

Dieses Abkommen tritt an die Stelle des Abkommens über internationales Privatrecht vom 14. November 1896 und des Zusatzprotokolls vom 22. Mai 1897.

Es tritt in Kraft am sechzigsten Tage nach dem Zeitpunkte, wo alle Staaten, die das Abkommen vom 14. November 1896 gezeichnet haben oder ihm beigetreten sind, ihre Ratifikationsurkunden zu dem vorliegenden Abkommen hinterlegt haben werden, spätestens aber am 27. April 1909[1]).

Im Falle des Artikel 26 Abs. 2 tritt es vier Monate nach dem Zeitpunkte der zustimmenden Erklärung und im Falle des Artikel 27 Abs. 2 am sechzigsten Tage nach dem Zeitpunkte der Kundgebung des Beitritts in Kraft.

Es versteht sich, daß die im Artikel 26 Abs. 2 vorgesehenen Kundgebungen erst erfolgen können, nachdem dieses Abkommen gemäß Abs. 2 des vorliegenden Artikels in Kraft gesetzt worden ist.

1. Diese Hinterlegung ist zurzeit noch nicht erfolgt.

Artikel 29.

Dieses Abkommen gilt für die Dauer von fünf Jahren, gerechnet von dem im Artikel 28 Abs. 2 angegebenen Zeitpunkte seiner Inkraftsetzung.

Mit demselben Zeitpunkte beginnt der Lauf dieser Frist auch für die Staaten, welche die Hinterlegung erst nach dem Zeitpunkte bewirken oder erst nachträglich beitreten und ebenso in Ansehung der auf Grund des Artikel 26 Abs. 2 abgegebenen zustimmenden Erklärungen.

In Ermangelung einer Kündigung gilt das Abkommen als stillschweigend von fünf zu fünf Jahren erneuert.

Die Kündigung muß wenigstens sechs Monate vor dem Ablaufe der im Abs. 2, 3 bezeichneten Frist der Regierung der Niederlande erklärt werden, die hiervon allen anderen Staaten Kenntnis geben wird.

Die Kündigung kann auf die außereuropäischen Gebiete, Besitzungen oder Kolonien oder auch auf die Konsulargerichtsbezirke beschränkt werden, die in einer auf Grund des Artikel 26 Abs. 2 erfolgten Kundgebung aufgeführt sind.

Die Kündigung soll nur in Ansehung des Staates wirksam sein, der sie erklärt hat. Für die übrigen Vertragsstaaten bleibt das Abkommen in Kraft.

Zu Urkund dessen haben die Bevollmächtigten dieses Abkommen unterzeichnet und mit ihren Siegeln versehen.

Geschehen im Haag am 17. Juli neunzehnhundertundfünf in einer einzigen Ausfertigung, die im Archiv der Regierung der Niederlande zu hinterlegen ist und wovon eine beglaubigte Abschrift auf diplomatischem Wege einem jeden der Staaten übergeben werden soll, die auf der vierten Konferenz über internationales Privatrecht vertreten waren.

(Unterschriften.)

Gesetz zur Ausführung des Abkommens über den Zivilprozeß vom 17. Juli 1905.

(Entwurf.)

In der Begr. des Entwurfs des AG. (S. 70) wird dieser dahin charakterisiert, daß das AG. den in den Abschnitten I und II des Abkommens geregelten Rechtshilfeverkehr für das ganze Reichsgebiet gleichmäßig gestalten und durch Ermäßigung einzelner konsularischer Gebührensätze möglichst billig einrichten soll. Außerdem machte die im Abschnitte III geregelte Vollstreckung von Kostenentscheidungen einige prozessuale Ergänzungsvorschriften notwendig, um diese Vollstreckung dem Vertrage gemäß durchführen zu können. — Für den Anwendungsbereich des Abkommens ist das Vollstreckbarkeitsverfahren für die Vollstreckung ausländischer Kostenurteile in Deutschland nicht mehr (nach § 722 ZPO. Abs. 1) von einer neuen Klage auf Vollstreckbarkeitserklärung des im Auslande gefällten Urteils abhängig gemacht; wie auch umgekehrt die Vollstreckung deutscher Kostenurteile in den Vertragsstaaten verbürgt ist, so daß die nationale Gesetzgebung dieser Staaten, soweit sie nicht grundsätzlich ohne weiteres zivilgerichtliche Urteile ausländischer Vertragsstaaten durch ihre Gerichte vollstrecken lassen (Artikel 31 Codigo civil portuquez, vgl. auch in Ansehung des Abkommens Art. 10 codice civile), selbst wenn sie sonst grundsätzlich jede Vollstreckung eines nicht von einheimischen Gerichten gefällten Urteils versagen (Rußland nebst Finnland, die Niederlande, Norwegen und Schweden gegenüber andern Ländern als Dänemark) oder die Vollstreckung von der Einholung einer besonderen Vollstreckungsklausel oder einer neuen Klage auf Vollstreckbarkeitserklärung abhängig machen, für den Geltungsbereich des Abkommens eine Vollstreckung des ausländischen Kostenurteils nicht mehr derart bedingen können.

Wir Wilhelm, von Gottes Gnaden Deutscher Kaiser, König von Preußen ꝛc.

verordnen im Namen des Reiches, nach erfolgter Zustimmung des Bundesrats und des Reichstags, zur Ausführung des Abkommens über den Zivilprozeß vom 17. Juli 1905 (Reichs-Gesetzbl. 190 .. S. . . .) was folgt:

I. Mitteilung gerichtlicher und außergerichtlicher Urkunden (Artikel 1 bis 7 des Abkommens).

§ 1.

Innerhalb des Reichs ist für die Entgegennahme des im Artikel 1 Abs. 1 des Abkommens vorgesehenen Zustellungsantrags eines ausländischen Konsuls der Präsident des Landgerichts zuständig, in dessen Bezirke die Zustellung erfolgen soll[1]).

Für die Besorgung der gemäß Artikel 2, 3 zu bewirkenden Zustellungen ist innerhalb des Reichs der Gerichtsschreiber des Amtsgerichts zuständig, in dessen Bezirke die Zustellung zu bewirken ist[2]). Der Gerichtsschreiber hat auch das im Artikel 5

bezeichnete Empfangsbekenntnis mit einem Beglaubigungsvermerke zu versehen[3]) oder das dort erwähnte Zustellungszeugnis auszustellen[4])[5]); ebenso hat er die im Artikel 1 Abs. 1 vorgesehene Urkunde aufzunehmen, welche den die Zustellung hindernden Umstand ergibt[6])[7]).

1. Der Landgerichtspräsident hat zunächst den konsularischen Zustellungsantrag zu prüfen (insbesondere ob er den Erfordernissen des Artikel 1 Abs. 1 Satz 2 des Abkommens entspricht und ob die Zustellung nicht etwa aus den im Artikel 4 des Abkommens bezeichneten Gründen abzulehnen ist) und wofern nach dieser Prüfung die Bewirkung der Zustellung unbedenklich erscheint, das Weitere zu veranlassen. Er hat ferner (nach Artikel 1 Abs. 1 Satz 3) dem Konsul den Ausweis über die Erledigung oder Nichterledigung seines Antrags zu übermitteln. (Begr. 70.)

2. (Vgl. § 209 ZPO.) Diese Zuständigkeit begreift alle gemäß Artikel 1 zu bewirkenden Zustellungen, gleichviel, ob der Antrag nach Abs. 1, 3, 4 des Artikels gestellt ist. Der Gerichtsschreiber kann bei einer Zustellung durch einfache Übergabe (nach Artikel 2) das Schriftstück persönlich dem Empfänger übergeben oder die Übergabe durch den Gerichtsdiener oder bei größeren Entfernungen durch die Post bewirken, ohne an die Vorschriften der die ZPO. gebunden zu sein. Im letzteren Falle genügt Übersendung durch eingeschriebenen Brief, da nach den bestehenden postalischen Bestimmungen (§ 39 IX der Postordnung für das Deutsche Reich vom 20. März 1900, § 39 IX der Postordnung für das Königreich Bayern vom 27. März 1900, § 42 IX der Postordnung für das Königreich Württemberg vom 21. Mai 1900) eine solche Sendung nur an den Empfänger selbst oder seinen Bevollmächtigten bestellt werden darf. Bei einer

Zustellung durch die Post (nicht nur durch Aufgabe zur Post) oder einer sonstigen Zustellung in der durch die deutsche Gesetzgebung vorgeschriebenen Form (nach Artikel 3) wird der Gerichtsschreiber nach den Vorschriften des § 211 ZPO. verfahren, so daß der Gerichtsdiener oder der Postbote als Zustellungsorgan im eigentlichen Sinne zustellt. Vgl. §§ 193ff CPO. (Begr. 71.)

3. Als Verabfolgung des Ausweises über Erledigung oder Nichterledigung des Zustellungsantrages.

4. Im Falle der Erledigung.

5. Über die von ihm selbst vollzogene Zustellung oder auf Grund des ihm gelieferten Nachweises.

6. Im Falle der Nichterledigung.

7. „Der Beglaubigungsvermerk auf dem Empfangsbekenntnisse besteht in einer Beglaubigung der Unterschrift des Empfängers, wenn diesem der Gerichtsschreiber selbst das Schriftstück übergeben hat, und in einer Beglaubigung der Unterschrift des Gerichtsdieners oder des Postboten, wenn die Übergabe durch einen dieser Beamten bewirkt worden ist. Soweit eine solche Beglaubigung nicht tunlich oder die Weitergabe des Empfangsbekenntnisses nicht angezeigt erscheint, wird der Gerichtsschreiber den Nachweis der Zustellung durch das von ihm auszustellende Zustellungszeugnis führen können, da nach Art. 5 des Abkommens dem ersuchten Staat die Wahl zwischen dem beglaubigten Empfangsbekenntnis und dem Zustellungszeugnisse freisteht.“ (Begr. 71.)

§ 2.

Für eine Zustellung im Auslande, die von dem darum ersuchten Konsul des Reichs auf dem im Artikel 1 Abs. 1 des Abkommens vorgesehenen Wege bewirkt wird, beträgt die Gebühr 1,50 Mk.[1]).

Die gleiche Gebühr wird für eine vom Konsul gemäß Artikel 6 Abs. 1 Nr. 3 unmittelbar[2])

bewirkte Zustellung erhoben[3]); diese Vorschrift findet keine Anwendung in den Konsularbezirken, in denen die Zustellungen der Regel nach auf einem der im Artikel 1 Abs. 3, 4 vorgesehenen Wege zu erfolgen haben[4]).

1. Ermäßigung der im Tarif Nr. 7 (zum Gesetz über die Gebühren und Kosten bei den Konsulaten des Deutschen Reiches vom 1. Juli 1872 RGBl. S. 245) auf 4,50 Mark festgesetzten Gebühr. Daneben sind die baren Auslagen nach § 6 des zit. Gesetzes zu erstatten (Begr. 72).

2. Also nicht mit Zuhilfenahme der Landesbehörden wie nach Abs. 1.

3. Insbesondere in Verbindung mit Art. 6 Abs. 2 Satz 2 in Fällen, wo der Empfänger ein zur Annahme des Schriftstückes bereiter Deutscher ist.

4. Wofern hier ausnahmsweise der Konsul um die unmittelbare Bewirkung der Zustellung ersucht wird, beträgt die Gebühr 4,50 Mark.

II. Ersuchungsschreiben (Artikel 8 bis 16 des Abkommens).

§ 3.

Innerhalb des Reichs ist für die Erledigung der im Artikel 8 des Abkommens vorgesehenen Ersuchen ausländischer Gerichtsbehörden das Amtsgericht zuständig, in dessen Bezirke die Amtshandlung vorgenommen werden soll.

Für die Entgegennahme der gemäß Artikel 9 Abs. 1 durch einen ausländischen Konsul übermittelten Ersuchungsschreiben ist innerhalb des

Reichs der Präsident des Landgerichts zuständig, in dessen Bezirke die Erledigung des Ersuchens erfolgen soll[2]).

1. Entsprechend der Übung, daß (in Anlehnung an § 158 GVG.) die Amtsgerichte als Organe der Rechtshilfe unter selbständiger Amtsverpflichtung die Vornahme der Zustellungen auf Ersuchen ausländischer Behörden herbeizuführen haben.

2. Diese gesetzliche Feststellung (vgl. § 1 Abs. 1), die davon ausgeht, daß der Schriftwechsel mit den fremden Konsularvertretern zweckmäßig von einer höheren Behörde zu führen sein wird (Begr. 70), entscheidet die hier streitige Ansicht der Schriftsteller.

§ 4.

Für die dem Konsul des Reichs gemäß Art. 9 Abs. 1 des Abkommens in Ansehung eines Ersuchungsschreibens obliegenden Verrichtungen beträgt die Gebühr 1,50 Mk.[1]); die Gebühr wird nicht erhoben, wenn das Ersuchen keine Erledigung findet[2]).

1. Nach Nr. 8 des Gebührentarifs (Anm. 1 zu § 2) würde die Gesamtgebühr für die Übermittelung eines deutschen Ersuchungsschreibens durch den Konsul des Reiches an die ausländische Behörde und die Rückleitung des ausländischen Erledigungsschreibens an die deutsche Behörde 3 Mark betragen.

2. Das heißt keine auch nur teilweise Erledigung findet. Daneben sind die baren Auslagen und eine Tätigkeit des Konsuls außerhalb des Art. 9 Abs. 1 (z. B. bei Anfertigung und Beglaubigung der im Art. 10 vorgesehenen Übersetzung) zu erstatten (Begr. 73).

III. Sicherheitsleistung für die Prozeßkosten (Artikel 17 bis 19 des Abkommens).

§ 5.

Die Vollstreckbarkeitserklärung für die im Artikel 18 des Abkommens bezeichneten Kostenentscheidungen ausländischer Gerichte erfolgt durch Beschluß des Amtsgerichts.

Zuständig ist das Amtsgericht, bei dem der Kostenschuldner seinen allgemeinen Gerichtsstand hat[1]), und in Ermangelung eines solchen das Amtsgericht, bei welchem in Gemäßheit des § 23 der Zivilprozeßordnung gegen den Schuldner Klage erhoben werden kann. Fehlt es auch an diesem Gerichtsstande, so ist[2]), sofern der Kostenschuldner einem Bundesstaat angehört, das Amtsgericht für die Hauptstadt seines Heimatsstaats, sofern er keinem Bundesstaat angehört, das Amtsgericht für die Stadt Berlin zuständig; soweit diese Orte in mehrere Amtsgerichtsbezirke geteilt sind, ist das Amtsgericht für den durch allgemeine Anordnung gemäß § 15 Abs. 1 Satz 2, 3 der Zivilprozeßordnung bestimmten Bezirk zuständig.

1. Vgl. auch § 722 Abs. 2 ZPO.
2. In Ansehung des Art. 18 Abs. 1.

§ 6.

Ist der Antrag auf Vollstreckbarkeitserklärung auf diplomatischem Wege gestellt, so hat[2]) das

Amtsgericht eine von Amts wegen zu erteilende Ausfertigung seines Beschlusses der Landesjustizverwaltung einzureichen[3]); die Ausfertigung ist, sofern dem Antrage stattgegeben wird, mit der Vollstreckungsklausel zu versehen[4]). Im Falle des Artikel 18 Abs. 3 des Abkommens ist der Beschluß beiden Teilen von Amts wegen zuzustellen.

1. Der von der damit befaßten Regierung, regelmäßig durch die Landesjustizverwaltung, dem Amtsgerichte zur weiteren Veranlassung übermittelt wird (Begr. 73).

2. Soweit also nicht (nach Art. 18 Abs. 3) Parteibetrieb stattfindet.

3. Also nicht den Parteien zuzustellen.

4. Und in diesem Falle ist mit seiner Weitergabe an die ausländische Regierung die in den Art. 18, 19 des Abkommens ausgesprochene Verpflichtung erfüllt.

§ 7.

Gegen Beschlüsse, durch die der Antrag auf Vollstreckbarkeitserklärung abgelehnt wird, findet die Beschwerde nach Maßgabe der §§ 568—571, 573—575 der Zivilprozeßordnung statt. Die Beschwerde steht, sofern der Antrag auf diplomatischem Wege gestellt ist, dem Staatsanwalt, im Falle des Artikel 18 Abs. 3 des Abkommens dem Antragsteller zu[1])[2]).

Gegen Beschlüsse, durch die dem Antrag auf Vollstreckbarkeitserklärung stattgegeben wird, steht dem Kostenschuldner die sofortige Beschwerde nach

Maßgabe der §§ 568—575, 577 der Zivilprozeßordnung zu[3]**).**

1. Eine solche Nachprüfung der Entscheidung durch die höheren Instanzen auf Veranlassung der Regierung erscheint zur Durchführung der übernommenen internationalen Verpflichtung in dem Falle erforderlich, wo die Ablehnung nach Auffassung der Regierung zu Unrecht erfolgt ist (Begr. 74).

2. Soweit Parteibetrieb (nach Art. 18 Abs. 3) in Frage kommt, ist also nach § 6 Abs. 2 der Beschluß des Amtsgerichts den Parteien von Amts wegen zuzustellen und diese haben nach § 7 selbst sowohl gegen den die Vollstreckbarkeit aussprechenden wie gegen den sie ablehnenden Beschluß das Rechtsmittel der Beschwerde.

3. Vgl. Art. 19 Abs. 1. Die Beschwerdefrist beginnt nach § 577 Abs. 2 ZPO. mit der Zustellung des Beschlusses an den Kostenschuldner, deren Herbeiführung Sache der Gegenpartei ist (Begr. 73).

§ 8.

Aus den für vollstreckbar erklärten Kostenentscheidungen findet die Zwangsvollstreckung gemäß den Vorschriften der Zivilprozeßordnung statt[1]**) die Vorschrift des § 798 findet entsprechende Anwendung**[2]**).**

1. So daß die Zwangsvollstreckung auf Betreiben der Partei zu erfolgen hat und daß als Schuldtitel der die Vollstreckbarkeit aussprechende Beschluß des deutschen Gerichts anzusehen ist.

2. Durch die Verweisung auf den § 798 ZPO. wird erreicht, „daß der Kostenschuldner von der ihm drohenden Zwangsvollstreckung rechtzeitig Kenntnis erhält, da diese

erst einen Tag nach Zustellung des Schuldtitels beginnen darf" (Begr. S. 74).

§ 9.

Für die gerichtlichen Entscheidungen, die über den Betrag der Gerichtskosten nach Artikel 18 Abs. 2 des Abkommens zur Herbeiführung der Vollstreckbarkeitserklärung im Auslande zu erlassen sind, ist das Gericht der Instanz zuständig[1]); die Entscheidungen ergehen auf Antrag der für die Beitreibung der Gerichtskosten zuständigen Behörde[2]).

Gegen die Entscheidung findet sofortige Beschwerde nach Maßgabe des § 567 Abs. 2 und der §§ 568—575, 577 der Zivilprozeßordnung statt. Die Einlegung kann durch Erklärung zum Protokolle des Gerichtsschreibers oder schriftlich ohne Mitwirkung eines Anwalts erfolgen[3]).

1. Vgl. § 4 Abs. 1 Satz 1 GKG.

2. Da in Deutschland regelmäßig der Betrag der Gerichtskosten durch eine vollstreckbare Kostenrechnung des Gerichtsschreibers, gegen die die im § 4 GKG. bezeichneten Rechtsmittel gegeben sind, festgesetzt wird, nach den Art. 18, 19 aber auch in Ansehung der Gerichtskosten eine rechtskräftige gerichtliche Entscheidung nötig ist, wofern die dort vorgesehenen Vergünstigungen für die zwangweise Beitreibung in Anspruch genommen werden, gibt § 9 Abs. 1 der für die Beitreibung der Gerichtskosten zuständigen inländischen Behörde die Möglichkeit, den Betrag der Gerichtskosten durch eine gerichtliche Entscheidung festsetzen zu lassen, die nach Abs. 2 mit dem Rechtsmittel der sofortigen Beschwerde ange-

fochten werden kann und somit der Rechtskraft fähig ist (Begr. 74). Vgl. S. 144 Anm. 4.

3. Vgl. § 4 Abs. 3 GKG.

IV. Schlußbestimmung.

§ 10.

Dieses Gesetz tritt gleichzeitig mit dem Abkommen über den Zivilprozeß in Kraft[1]).

Urkundlich unter Unserer Höchsteigenhändigen Unterschrift und beigedrucktem Kaiserlichen Insiegel.

Gegeben

1. Vgl. Art. 28 Abs. 2, 3, 4.

Sachregister.

(Die Zahlen bezeichnen die Seiten.)

A.

B.

G.

H.

J.

K.

Z.

Druck von A. W. Hayn's Erben, Potsdam.

Verzeichnis

der

Guttentag'schen Sammlung Deutscher Reichs- und Preussischer Gesetze

Text-Ausgaben

mit Anmerkungen u. Sachregister

Guttentag'sche Sammlung

Deutscher Reichsgesetze.

Text-Ausgaben mit Anmerkungen. Taschenformat.

1. **Verfassung** des Deutschen Reichs. Von Dr. **L. von Rönne.** Neunte Auflage von Landrat **Paul von Rönne.** 1904. 2 M. 40 Pf.

2. **Strafgesetzbuch** für das Deutsche Reich. Nebst den gebräuchlichsten Reichs-Strafgesetzen. Von Dr. **H. Rüdorff.** Zweiundzwanzigste Auflage von Dr. **H. Appelius,** Kammergerichtsrat. 1907. 1 M. 50 Pf.
   Die §§ 95—101, geändert durch Gesetz vom 17. Februar 1908, in neuer Fassung.

3. **Militärstrafgerichtsordnung** von Senatspräsident Dr. **Paul Herz.** 1902. Dritte Auflage. Aus dem Handel gezogen; — dafür Text-Ausgaben ohne Anmerkungen auf S. 24. 1 M. 50 Pf.

4. **Handelsgesetzbuch vom 10. Mai 1897** unter Ausschluß des Seerechts. Mit den ergänzenden Vorschriften des Bürgerlichen Gesetzbuchs und Erläuterungen von **F. Litthauer,** Justizrat. Vierzehnte Auflage herausgegeben von Geh. Justizrat Prof. Dr. **A. Mosse.** 1908. Im Druck.

5. Allgemeine Deutsche **Wechselordnung.** Neunte Auflage von Justizrat Dr. **J. Stranz** und Rechtsanwalt Dr. **M. Stranz,** und das Reichsgesetz über die **Wechselstempelsteuer.***) Von Regierungsrat **P. Loeck.** Achte Auflage. 1906. Mit Nachtrag: Gesetz betr. Erleichterung d. Wechselprotestes v. 30. Mai 1908. 3 M.

*) Ist auch einzeln zu haben. Preis 1 M. 25 Pf.

6. **Gewerbeordnung** für das Deutsche Reich nebst allen Ausführungsbestimmungen. Ursprünglich herausgegeben von **T. Ph. Berger** und Dr. **L. Wilhelmi.** Siebzehnte Auflage bearbeitet von Oberverwaltungsgerichtsrat **H. Spangenberg.** 1907. 3 M.

   Nachtragsband: enthaltend Novelle **„Kleiner Befähigungsnachweis"** von Geh. Ober-Regierungsrat **Spielhagen.** 1908.

   Ergänzungsband hierzu: **Preußische Ausführungsanweisung.** 1904. 2 M.

7. Die deutsche **Post- und Telegraphen-Gesetzgebung.** Nebst dem Weltpostvertrag und dem internationalen Telegraphenvertrag. Von Wirkl. Geh. Rat Dr. **Fischer.** Sechste Auflage bearbeitet von Geh. Ober-Postrat Dr. **M. König.** 1908. 4 M.

8. Die Reichsgesetze über den **Unterstützungswohnsitz** in der Fassung der Novelle vom 12. März 1894, **die Freizügigkeit, den Erwerb und Verlust der Bundes- und Staatsangehörigkeit,** nebst allen landesgesetzlichen Bestimmungen. Von Geheimrat Dr. **J. Krech,** Mitglied des Bundesamtes für das Heimatwesen. Sechste Auflage. 1907. 3 M.

9. Sammlung **kleinerer strafrechtlicher Reichsgesetze.** Mit den Entscheidungen des Reichsgerichts, bearbeitet von **M. Werner,** Geh. Ober-Regierungsrat. Zweite Auflage. 1903. 3 M.

   (Inhalt ca. 25 verschiedene Gesetze.)

10. Das **Reichsbeamtengesetz** und seine Ergänzungen. Erläutert von **J. Pieper.** Zweite Auflage. 1901. 4 M. 50 Pf.
— In der Fassung von 1907 siehe Nr. 82.

11. **Zivilprozeßordnung mit Gerichtsverfassungsgesetz** in den neuesten Fassungen. Herausgegeben zunächst von **R. Sydow,** Staatssekretär im Reichsschatzamt, weiter bearbeitet von **L. Busch,** Reichsgerichtsrat. Zehnte Auflage. (In größerem Oktav-Format.) 1905. 6 M.

12. **Strafprozeßordnung und Gerichtsverfassungsgesetz** nebst den Gesetzen, betreffend die Entschädigung der im Wiederaufnahmeverfahren freigesprochenen Personen und die Entschädigung für unschuldig erlittene Untersuchungshaft. Von Dr. **A. Hellweg,** Reichsgerichtsrat. Fünfzehnte Auflage. 1908. Im Druck.

13. **Konkursordnung und Anfechtungsgesetz.** Von **R. Sydow.** Weiter bearbeitet von **L. Busch.** Zehnte Auflage. 1906. 2 M. 25 Pf.

14. **Gerichtsverfassungsgesetz** mit Einführungsgesetz. Herausgegeben von **R. Sydow** und **L. Busch.** Neunte Auflage. 1905. 1 M. 50 Pf.

15. Das **Deutsche Gerichtskostengesetz** nebst den Gebührenordnungen für Gerichtsvollzieher, Zeugen und Sachverständige. Herausgegeben mit Kosten-

tabellen von **R. Sydow.** Weiter bearbeitet von **L. Busch.** Achte Auflage. 1907. 2 M.

16. **Rechtsanwaltsordnung.** Von **R. Sydow.** Sechste Auflage von Justizrat **M. Jacobsohn.** 1907. 1 M. 20 Pf.

17. **Die Deutsche Gebührenordnung für Rechtsanwälte und das Preußische Gebührengesetz** vom 27. September / 6. Oktober 1899. Von **R. Sydow** und **L. Busch.** Siebente Auflage. 1903. 1 M. 60 Pf.

18. **Reichsstempelgesetz (Börsensteuer, Frachturkunde, Kraftfahrzeuge, Personenfahrkarte, Tantieme für Aufsichtsratsmitglieder).** Vom 3. Juni 1906. Nebst Ausführungsbestimmungen und Entscheidungen. Neunte Auflage von **P. Loeck,** Regierungsrat. (In größerem Oktav-Format.) 1906. 4 M. 50 Pf.

19. **Die Seegesetzgebung.** Von Dr. **W. E. Knitschky.** Vierte Auflage bearbeitet von Oberlandesgerichtsrat **Otto Rudorff** in Hamburg. 1908. 6 M.

20. **Krankenversicherungsgesetz.** Von weil. Dr. **E. von Woedtke,** Direktor im Reichsamte des Innern. Elfte Auflage bearbeitet von Dr. **G. Eucken-Addenhausen,** Geh. Reg.-Rat und vortr. Rat im Reichsamte des Innern. 1905. 3 M.

21. **Die Konsulargesetzgebung.** Von Professor Dr. **Ph. Zorn.** Zweite Auflage. 1901. 3 M.

22. **Patentgesetz.** Nebst Ausführungsbestimmungen, völkerrechtlichen Verträgen und der Patentanwalts-Ordnung unter eingehender Berücksichtigung der Rechtsprechung des Reichsgerichts und der Praxis des Patentamts. Bisher von Prof. Dr. **R. Stephan** herausgegeben. Siebente Auflage von **R. Lutter,** Geh. Reg.-Rat im Kaiserl. Patentamt 1908. 2 M. 80 Pf.

Gesetz zum **Schutz der Warenbezeichnungen.** Nebst Ausführungsbestimmungen. Siehe Seite 16 Nr. 87.

23. **Gewerbe-Unfallversicherungsgesetz.** Von weil. Dr. **E. v. Woedtke.** Neunte neubearbeitete Auflage von **Franz Caspar,** Direktor im Reichsamt des Innern. 1907. 2 M. 50 Pf.

24. **Aktiengesellschaft und Kommanditgesellschaften auf Aktien.** (Handelsgesetzbuch, II. Buch, Abschnitt 3 und 4). Mit Anmerkungen von Justizrat Dr. **H. Veit Simon** und Amtsrichter **L. Keyssner.** 1908. Sechste Auflage. Im Druck.

25. **Brausteuergesetz** vom 3. Juni 1906 mit Ausführungsvorschriften. Von **A. Düffe,** Obersteuerkontrolleur. 1907. 3 M.

26. **Die Reichsgesetzgebung über Münz- und Notenbankwesen,** Papiergeld, Prämienpapiere und Reichsschulden. Von Dr jur. **R. Koch,** Präsident des Reichsbankdirektoriums. Fünfte Auflage. 1905. 3 M.

27. Die Gesetzgebung, betr. das **Gesundheitswesen im Deutschen Reich** für Behörden, Aerzte ꝛc. Von Dr. jur. **C. Goesch** und Dr. med. **J. Karsten.** 1888. 1 M. 60 Pf.

28. **Bau-Unfallversicherungsgesetz.** Vom 30. Juni 1900. Von **R. Chrzescinski,** Kaiserl. Regierungsrat. Dritte Auflage. 1900. 2 M.

29. Reichsgesetz, betr. die **Erwerbs- und Wirtschaftsgenossenschaften.** Von **L. Parisius** und Dr. **H. Crüger.** Zwölfte Auflage bearbeitet von Dr. **H. Crüger.** 1907. 1 M. 50 Pf.

30. **Invalidenversicherungsgesetz** vom 13. Juli 1899. Von weil. Dr. **E. v. Woedtke.** Zehnte Auflage von Regierungsrat **H. Follmann.** 1906. 4 M.

31. **Gewerbegerichtsgesetz.** Von Stadtrat **L. Mugdan.** Sechste Auflage bearbeitet von **W. Cuno,** Erstem Bürgermeister zu Hagen i. W. 1906. 2 M. 20 Pf.

32. Reichsgesetz, betr. die **Gesellschaften mit beschränkter Haftung.** Von **L. Parisius** und Dr. **H. Crüger.** Neunte Auflage von Dr. **H. Crüger.** 1907. 1,40 M.

33. **Vereins- und Versammlungsrecht** in Deutschland. Von Dr. **E. Ball.** Zweite Aufl. von Dr. **F. Friedenthal.** 1907. 2 M. 50 Pf.

Anm. Das neue Vereinsgesetz vom 19. April 1908 vide Nr. 88 — Seite 16.

34. Reichsgesetz, betreffend die **Abzahlungsgeschäfte.** Vom 16. Mai 1894. Von **J. Hoffmann.** Zweite vermehrte Auflage besorgt von Dr. **E. Wilke,** Landgerichtsrat. 1901. 1 M. 20 Pf.

35. Die **Reichs-Eisenbahngesetzgebung.** Von **W. Coermann,** Kaiserl. Amtsrichter. 1895. 2 M. 25 Pf.

36. Gesetze, betr. die **privatrechtlichen Verhältnisse der Binnenschiffahrt und der Flößerei.** Dritte Auflage von **E. Löwe,** Landgerichtsrat. 1903. 3 M.

37. Gesetz zur **Bekämpfung des unlauteren Wettbewerbes.** Vom 27. Mai 1896. Von Dr. **R. Stephan,** Geh. Regierungsrat. Dritte Auflage. 1903. 1 M.

38/39. **Bürgerliches Gesetzbuch nebst Einführungsgesetz.** Nach dem Tode des ursprünglichen Herausgebers Reichsgerichtsrats a. D. Dr. **A. Achilles** in Verbindung mit Professor Dr. **André,** Kammergerichtsrat **Ritgen,** Ober-Landesgerichtsrat **Strecker,** Ober-Regierungsrat Dr. **Unzner** herausgegeben von Geh. Ober-Justizrat **Greiff.** Fünfte Auflage. (In größerem Oktav-Format) 1906. 6 M. 50 Pf.

40. Gesetz, betr. die **Pflichten der Kaufleute bei Aufbewahrung fremder Wertpapiere (Depotgesetz).** Mit Erläuterungen. Von **F. Lusensky,** Geh. Ober-Regierungsrat. Zweite Auflage. 1905. 1 M.

41. **Börsengesetz.** In der Fassung der Novelle vom 8. Mai 1908 nebst Ausführungsbestimmungen von **A. Wermuth** und **H. Brendel.** Neu bearbeitet von Wirkl. Geh. Ob.-Regierungsrat. **Th. Hemptenmacher,** Staatskommissar an der Berliner Börse. 1908. 2 M.

42. **Grundbuchordnung** nebst den preußischen Ausführungsbestimmungen. Mit Einleitung. Von Prof. Dr. **O. Fischer.** Vierte Auflage. 1906. 2 M.

43. Die Gesetzgebung, betr. die **Zwangsvollstreckung in das unbewegliche Vermögen** im Reiche und in Preußen. Mit Einleitung, Kosten- und Gebührentabellen. Von Dr. **J. Krech,** Kaiserl. Geh. Regierungsrat und Professor Dr. **O. Fischer.** Fünfte Auflage. 1907. 2 M.

44. Das Reichsgesetz über das **Auswanderungswesen** vom 9. Juni 1897 nebst Ausführungsverordnungen und Anlagen. Unter Benutzung amtlicher Quellen. Von Professor Dr. **Felix Stoerk.** 1899. 2 M. 25 Pf.

45. Das **Entmündigungsrecht** unter Berücksichtigung der für Preußen geltenden Vorschriften nebst der preußischen Justiz-Ministerial-Verfügung vom 28. November 1899. Text der zivil- und prozeßrechtlichen Bestimmungen mit Erläuterungen von Landgerichtsrat Dr. **P. Koll** in Cöln. 1900. 1 M. 50 Pf.

46. Die Gesetze des Reiches und Preußens über die **freiwillige Gerichtsbarkeit.** Mit Einleitung von **Herm. Jastrow,** Amtsgerichtsrat. Vierte Auflage. 1906. 3 M.

47. Das **deutsche Vormundschaftsrecht** und das preuß. Gesetz über die Fürsorgeerziehung Minderjähriger nebst den dazu gehörigen preußischen Nebengesetzen. Von **Max Schultzenstein,** Oberverwaltungsgerichtsrat und Amtsgerichtsrat Dr. **Paul Köhne.** Zweite Auflage. 1901. 3 M.

48. Gesetze und Verordnungen, betr. den **Drogen-, Gift- und Farbenhandel** außerhalb der Apotheken. Von Dr. **Broh,** Rechtsanwalt. 1899. 1 M. 25 Pf.

49. Deutsche **Kolonialgesetzgebung.** Von Professor Dr. **Philipp Zorn.** 1901. 4 M. 50 Pf.

50. Der **Viehkauf** (Viehgewährschaft) nach dem Bürgerlichen Gesetzbuche. Nebst Verordn. betr. die Hauptmängel und Gewährsfristen beim Viehhandel. Von Rechtsanwalt Dr. **H. Stölzle** und **H. Weiskopf,** Königl. Kreistierarzt in Augsburg. Dritte Auflage. 1904. 3 M.

51. **Hypothekenbankgesetz** vom 13. Juli 1899. Von Dr. **H. Göppert,** Gerichts-Assessor. 1900. 1 M. 80 Pf.

52. Gesetz, betreffend die gemeinsamen **Rechte der Besitzer von Schuldverschreibungen.** Von Dr. **Heinrich Göppert,** Gerichts-Assessor. 1900. 2 M.

53. **Reichspreßgesetz** vom 7. Mai 1874 nebst den einschlägigen Bestimmungen des Strafgesetzbuchs, der Gewerbeordnung rc. Kommentar von **A. Born,** Polizeiassessor. 1900. 1 M. 50 Pf.

54. Die Reichsgesetzgebung über den Verkehr mit **Nahrungsmitteln, Genußmitteln und Gebrauchsgegenständen.** Von Dr. **Georg Lebbin,** Nahrungsmittelchemiker. 1900. 2 M. 25 Pf.

55 Das Recht der **Beschlagnahme von Lohn- und Gehaltsforderungen.** Auf Grundlage der Reichsgesetze vom 21. Juni 1869 u. 29. März 1897 und der Zivilprozeßordnung. Von Justizrat **Georg Meyer.** Dritte Auflage. 1908. 2 M. 50 Pf.

56. Gesetz, betr. die **Bekämpfung gemeingefährlicher Krankheiten.** Nebst Ausführungsbestimmungen. Von Dr. **Bruno Burkhardt,** Regierungsrat, Mitglied des Kais. Gesundheitsamts. 1900. 1 M. 40 Pf.

57. **See-Unfallversicherungsgesetz.** Von **Dr. Max Mittelstein,** Oberlandesgerichtsrat in Hamburg. 1901 2 M.

58. **Das Recht der unehelichen Kinder** nach dem BGB. Von **Hermann Jastrow,** Amtsg.-Rat. 1901. 1 M. 80 Pf.

59. Reichsgesetz über die **Beurkundung des Personenstandes und die Eheschließung.** Von Dr. **F. Fidler,** Amtgerichtsrat. 1901. 1 M. 80 Pf.

60. Gesetz, betreffend das **Urheberrecht an Werken der Literatur und der Tonkunst.** Von Landrichter **Otto Lindemann.** Zweite Auflage. 1907. 1 M. 60 Pf.

61. Gesetz über das **Verlagsrecht.** Von Justizrat **Ernst Heinitz.** 1901. 1 M. 50 Pf.

62. Gesetz über die **privaten Versicherungsunternehmungen.** Von **H. Könige,** Reichsgerichtsrat. 2. Auflage in Bearbeitung.

63. **Gesetzestafel des Deutschen Reichsrechts.** Systematisch geordnete Nachweisung des z. Z. geltenden Reichsrechts. Ergänzungsband zu der Guttentag'schen Sammlung Deutscher Reichsgesetze. Von **Hugo Bruhns,** Syndikus. 1902. 8°. 2 M. 50 Pf.

64. Gesetzsammlung betr. den **Handel mit Drogen und Giften.** Reichsgesetzl. Bestimmungen und Anhang mit den landesgesetzl. Verordnungen sämtlicher Bundesstaaten. Von Rechtsanwalt **H. Sonnenfeld,** Syndik. d. Berl. Drogisten-Innung. 1902. 3 M.

65. Das **Weingesetz** vom 24. Mai 1901. Mit Ausführungsbestimmungen von Dr. **Georg Lebbin,** Handels- u. Gerichtschemiker. 1902. 1 M. 50 Pf.

66. Die **Eisenbahn-Gesetzgebung.** Von **W. Pietsch,** Geh exp. Sekretär im Reichs-Eisenbahn-Amt. 1902. 5 M.

67. **Militär-Strafgesetzbuch** von Senats-Präsident Dr. **Paul Herz** und Kriegsgerichtsrat Dr. **Georg Ernst.** 1903. Aus dem Handel gezogen; — dafür Text-Ausgaben ohne Anmerkungen Seite 24. 1 M.

68. Das **Fleischbeschaugesetz.** Vom 3. Juni 1900. Mit Ausführungsges. u. Verordnungen im Reiche und in Preußen. Von Dr. **Georg Lebbin,** Gerichtschemiker und Rechtsanwalt Dr. **Georg Baum.** 1903. 4 M.

69. Reichsgesetz über die **Naturalleistungen der bewaffneten Macht im Frieden** nebst den zugehörigen in Preußen geltenden Bestimmungen. Von Regierungsassessor Dr. **Walter v. Hippel.** 1903. 1 M. 25 Pf.

70. Das **Reichs-Haftpflichtgesetz,** betr. die Verbindlichkeit zum Schadensersatz für die bei dem Betriebe von Eisenbahnen, Bergwerken, Steinbrüchen, Gräbereien und Fabriken herbeigeführten Tötungen und Körperverletzungen, vom 7. Juni 1871. Von Regierungsrat Dr. **G. Eger.** 1903. Preis 3 M.

71. **Kinderarbeit in gewerblichen Betrieben,** v. 30. März 1903. Nebst der Preuß. Ausführ.-Anw. v. 30. Nov. u. d. Bek. des Reichskanzlers v. 17. Dez. 1903. Von **H. Spangenberg,** Oberverwaltungsgerichtsrat Zweite vermehrte Auflage. 1904. 1 M. 60 Pf.

72. **Unfallversicherungsgesetz für Land- und Forstwirtschaft** vom Wirkl. Geh. Rat Dr. **E. von Woedtke,**

fortgesetzt von Dr. **Alfred Radtke**, Geh. Regierungsrat und Senatspräs. im Reichsversicherungsamt. Zweite Auflage. 1904. 4 M. 50 Pf.

73. **Entschädigung für unschuldig erlittene Verhaftung und Bestrafung.** Nebst Anhang, enth. die dazu gehörigen Nebengesetze über Schadensersatz. Von Dr. jur. **A. Romen**, Geh. Kriegsrat und vortr. Rat im Kriegsministerium. 1904. 2 M.

74. Die **Kaufmannsgerichte** nebst den preuß. Ausführungsbestimmungen. Von Dr. **Max Apt**, Syndikus der Korporation der Berliner Kaufmannschaft. Dritte Auflage. 1905. 2 M.

75. Reichsgesetz über die **Konsulargerichtsbarkeit.** Erläutert von Dr. jur. **A. F. Vorwerk**, Rechtsanwalt in Schanghai. Zweite Ausgabe, mit dem Schutzgebietsgesetz und der Ausführungsverordnung, betreffend die Rechtsverhältnisse in den deutschen Schutzgebieten. 1908. 2 M.

76. **Die Rechtshilfe im Verkehr mit den ordentlichen Gerichten nach deutschem Reichsrecht.** Zusammenstellung aller in Betracht kommenden Gesetzesstellen. Von Landrichter Dr. **A. Friedländer.** 1906. 1 M. 80 Pf.

77. **Das Reichserbschaftssteuergesetz.** Vom 3. Juni 1906. Von **Ulrich Hoffmann**, Geh. Registrator im Kgl. Preuß. Finanzministerium. 1906. 2 M. 60 Pf.

78. **Zigarettensteuergesetz.** Vom 3. Juni 1906. Von Dr. **Cuno,** Gerichtsassessor. 1906. 1 M. 80 Pf.

79. **Die Militärpensionsgesetze** vom 31. Mai 1906 nebst Ausführungsbestimmungen. Zum Gebrauch für Heer, Marine und Schutztruppe von Dr. jur. **A. Romen,** Wirklicher Geheimer Kriegsrat.
a) I. Teil: Offizierpensionsgesetz. 1907. 3 M. 50 Pf.
b) II. Teil: Mannschaftsversorgungsgesetz. 1908. 3 M. 50 Pf.
Jeder Teil ist einzeln käuflich.

80. Reichsgesetzgebung über **gerichtliche Registerführung.** Textausgabe der einschlägigen Gesetzesbestimmungen mit Anmerkungen und Sachregister von **Otto Lindemann,** Landrichter. 1906. 3 M.

81. Gesetz, betr. **Urheberrecht an Werken der bildenden Künste und der Photographie.** Von Dr. **Ludw. Fuld,** Rechtsanwalt. 1907. 1 M.

82. **Reichsbeamtengesetz** in der Fassung vom 18. Mai 1907 und seine Ergänzungen von Prof. Dr. **Ad. Arndt.** 1908. 3 M.

83. **Reichsgesetz über den Versicherungsvertrag** nebst Einführungsgesetz mit Einleitung und ausführlicher Erläuterung von Dr. **Paul Hager** und Dr. **R. Behrend,** Regierungsräte im Kaiserl. Aufsichtsamt f. Privatversicherung. 1908. 5 M.

84. **Sammlung kleinerer privatrechtlicher Reichsgesetze** von Landrichter **Georg Müller.** 1908. 6 M. 50 Pf.
Enthält eine Fülle von Gesetzen, die anderweit fast garnicht oder nur schwer zu beschaffen sind.

85. **Scheckgesetz** mit Einleitung usw. Von Prof. Dr. **Max Apt.** 1908. 1 M. 50 Pf.

86. **Die Auslieferungsverträge des Deutschen Reiches** von Landrichter **A. Cohn.** 1908. 4 M.

87. Gesetz zum **Schutz der Warenbezeichnungen.** Nebst Ausführungsbestimmungen. Von Geh. Reg.-Rat, Mitglied des Patentamts Dr. **Freund** und Rechtsanwalt **Magnus.** Fünfte Auflage. 1908. Im Druck.

88. **Vereinsgesetz** vom 19. April 1908. Unter Benutzung der amtlichen Quellen. Nebst einem Anhang, enth. die Vorschriften des BGB. über die Vereine. Bearbeitet von Dr. jur. **A. Romen,** Wirkl. Geh. Kriegsrat im Königl. Preuß. Kriegsministerium. 2. Auflage. 1908. 1 M. 50 Pf.

Guttentag'sche Sammlung
Preußischer Gesetze.
Text-Ausgaben mit Anmerkungen. Taschenformat.

1. Die **Verfassungs-Urkunde** für den Preußischen Staat. Mit Einleitung, vollständigem Kommentar. Von Prof. Dr. **Adolf Arndt.** Sechste Auflage. 1907. 3 M.

2. Preußische **Beamten-Gesetzgebung.** Enthaltend die wichtigsten Beamtengesetze in Preußen. Von **C. Pfafferoth.** Vierte, neubearb. Auflage. 1905. Mit Anhang: Abänderung vom 27. Mai 1907. 2 M.

3. **Die Aufnahme des Nottestaments** durch die bestellten besonderen Urkundspersonen. Anweisung vom 15. März 1904. Erläutert mit Musterbeispielen und einem Abriß des Erbrechts von Amtsgerichtsrat **C. Kurtz.** 1904. 1 M. 50 Pf.

4. **Gebührenordnung** für **Notare** vom 25. Juni 1895 nebst den einschlägigen Vorschriften des Preußischen Gerichtskostengesetzes. Von **R. Sydow.** Dritte Auflage bearbeitet von Justizrat Dr. **Rausnitz.** 1908. 1 M. 60 Pf.

5. Gesetz vom 24. **April 1854 (betr. die außerehel. Schwängerung).** Von Dr. **Schulze.** 1873. 75 Pf.
   Gültiges Recht siehe: Reichsgesetze Nr. 58.

6. Die Preuß. **Ausführungsgesetze und Verordnungen zu den Reichs-Justizgesetzen.** Von **R. Sydow.** Dritte vermehrte Auflage. 1895. 2 M. 40 Pf.
   Siehe Seite 23, Busch, Ausführungsgesetze.

7. **Allg. Gerichtsordnung** vom 6. Juli 1793 und Preuß. **Konkursordnung** vom 8. Mai 1885. Von **F. Vierhaus**, Geh. Ober-Justizrat. Vergriffen.

8. **Vormundschaftsordnung.** Von **F. Schultzenstein.** Gültiges Recht siehe: Reichsgesetze Nr. 47.

9. Die Preußische **Grundbuchgesetzgebung.** Von Prof. Dr. **Fischer.** Vergriffen. Siehe: Reichsgesetze Nr. 42.

10. **Einkommensteuergesetz.** Von **A. Fernow**, Geh. Ober-Finanzrat. Siebente Auflage. 1908. 3 M. 25 Pf.

11. **Gewerbesteuergesetz.** Von **A. Fernow**, Geh. Ober-Finanzrat. Vierte, vermehrte Auflage. 1905. 2 M.

12. **Allgemeines Berggesetz** für die Preußischen Staaten vom 24. Juni 1865 nebst den preußischen Berggesetznovellen, den einschläg. Nebengesetzen u. Ausführungsbestimmungen. Mit Einleitung, Erläuterungen und Sachregister bearbeitet von **W. Westhoff** und **W. Schlüter.** Zweite Auflage. 1907. 5 M.

13. **Ergänzungssteuergesetz** (Vermögenssteuergesetz). Von **A. Fernow**, Geh. Ober-Finanzrat. Vierte vermehrte Auflage. 1907. 2 M. 40 Pf

14. **Kommunalabgabengesetz.** Vom 14. Juli 1893 und Gesetz wegen Aufhebung direkter Staatssteuern. Von Dr. **F. Adickes**, Oberbürgermeister. Vierte Auflage. 1906. 1 M. 50 Pf.

15. Die **Kreisordnungen** für den Preußischen Staat. Von **O. Kolisch,** Landgerichtsrat. 1894. 4 M.

16. **Konzessionierung gewerblicher Anlagen.** Preuß. Ausführungs-Anweisung zu §§. 16 u. ff. der Gewerbe-Ordnung. Von Dr. **W. v. Rüdiger,** Geh. Regierungs- u. Gewerberat. Zweite Auflage. 1901. 2 M.

17. Preußisches **Gerichtskostengesetz.** Mit Kostentabellen. Von Dr. **P. Siméon,** Landgerichtsrat. Fünfte Auflage. 1908. 2 M. 60 Pf.

18. Preußisches **Stempelsteuergesetz** vom 31. Juli 1895. Mit den gesamten Ausführungsbestimmungen und vollständigen Tabellen. Von **P. Loeck,** Regierungsrat. Sechste Auflage. (In größerem Oktav-Format.) 1907. 6 M.

19. Das **Jagdscheingesetz.** Mit ausführlichen Erläuterungen. Von **F. Kunze,** Wirklichem Geh. Ober-Regierungsrat. Zweite Auflage. 1899. 2 M.

20. Die **preußischen Erbschaftssteuergesetze.** Unter Berücksichtigung der Novelle vom 31. Juli 1895. Von **U. Hoffmann,** Geh. Registrator im Königl. preuß. Finanzministerium. 1905. 4 M.
(Reichs-Erbschaftssteuergesetz s. Reichsgesetze Nr. 77).

21. Gesetz über die **Handelskammern.** Vom 19. August 1897. Mit Erläuterungen von **F. Lusensky,** Geh. Regierungsrat. 1897. 3 M.

22. **Gesetz**, betr. **Anstellung und Versorgung der Kommunalbeamten.** Mit Ausführungsanweisung. Von Dr. **W. Ledermann,** Magistratsassessor zu Berlin. 1899. 1 M. 25 Pf.

23. **Ausführungsgesetz zum Bürgerlichen Gesetzbuche.** Von Landrichter Dr. **P. Siméon.** 2. Aufl. 1905. 1 M. 80 Pf.

24. Die **Hinterlegungsordnung** in der Fassung des Ausführungsgesetzes z. BGB. v. 20. Sept. 1899 nebst Ausführungsbestimmungen. Von Regierungsrat Dr. **Georg Bartels.** 2. Aufl. 1908.

25. **Preußische Kommunalbeamtengesetzgebung.** Von Magistr.-Assess. Dr. **Fr. Kremski,** Berlin. 1901. 3 M.

26. Gesetze über das **Diensteinkommen der Lehrer und Lehrerinnen, Ruhegehalt und Fürsorge für Hinterbliebene.** Tabelle zur Berechnung der Ruhegehalts-, Witwen- u. Waisenbezüge. Von Dr. **Ed. Cremer,** Beigeordneter. 1900. 2 M. 40 Pf.

27. **Gesetz,** betreffend die **Warenhaussteuer.** Von Geh. Ober-Finanzrat Dr. **G. Strutz.** 1900. 1 M. 20 Pf.

28. **Gesetz über die Fürsorgeerziehung Minderjähriger.** Nebst Ausführungsbestimmungen. Von Landgerichtsdirektor Dr. **P. F. Aschrott.** Zweite umgearbeitete Auflage. 1907. 2 M. 80 Pf.

29. Gesetz, betr. **die ärztlichen Ehrengerichte, das Umlagerecht und die Kassen der Aerztekammern.** Von Amtsgerichtsrat Dr. **Fidler.** 1901. 1 M. 50 Pf.

30. **Die das Preußische Staatsschuldbuch** und **Reichsschuldbuch** betr. Gesetze nebst Ausführungsbestimmungen. Von Wirkl. Geh. Ober-Finanzrat **J. Mücke,** Mitglied der Staatsschuldenverwaltung. 1902. 2 M.

31a. **Die geltenden Preußischen Gesindeordnungen.** Herausgegeben in zwei Bänden von **Stephan Gerhard,** Rechtsanwalt in Berlin. 1902.

Band I: Gesindeordnung für die altpreußischen Provinzen vom 8. XI. 1810, mit Erläuterungen unter Berücksichtigung der Ergänzungsgesetze und der Rechtsverhältnisse der Gesindevermieter, sowie die Gesindeordnungen für Neuvorpommern und Rügen und für die Rheinprovinz. 2 M. 50 Pf.

31b. **Band II:** Gesindeordnungen für Hannover, Schleswig-Holstein, Hessen-Nassau und den Regierungsbezirk Hohenzollern. 2 M. 50 Pf.

32. **Die Städteordnung für die sechs östlichen Provinzen** Preußens vom 30. Mai 1853 nebst ihren gesetzlichen Ergänzungen. Von **Dr. jur. Walter Ledermann,** Magistrats-Assessor zu Berlin. (In größerem Oktav-Format.) 1902. 6 M.

33. **Rentenguts- und Anerbenrechts-Gesetzgebung in Preußen.** Von Landgerichtsrat **M. Peltasohn** und Rechtsanwalt **Bruno Peltasohn.** 1903. 3 M.

34. **Sammlung der wichtigsten preußischen Strafgesetze** nebst Anhang: Gesetz betr. polizeiliche Strafverfügungen vom 23. April 1883. Von **Otto Lindemann,** Amtsrichter. 1903. 2 M. 50 Pf.

Inhalt: Mobiliar-Feuerversicherung — Chausseegeld — Jagdpolizei — Jagdschein — Wild-Schonzeit — Fischerei — Versammlungs- u. Vereinigungsrecht — Belagerungszustand — Gesindedienstpflichten — Mineraliengewinnung und -Aneignung — Schlachthäuser — Dampfkesselbetrieb — Wandergewerbebetrieb — Reblausverbreitung — Forstdiebstahl — Wald- u. Wassergenossenschaften — Feld- u. Forstpolizei — Lotteriespiel — Verkehrsabgaben — Landestrauer.

35. **Geschäftsordnung für Gerichtsvollzieher.** Gerichtsvollzieherordnung und Gebührensätze von Amtsgerichtssekretär a. D. **Emil Exner.** 1904. 3 M. 50 Pf.

36. **Die Gesetzgebung über Polizeiverordnungen in Preußen** von **Otto Lindemann,** Amtsrichter in Köslin. 1904. 1 M. 50 Pf.

37. **Gesetz über die Enteignung von Grundeigentum** vom 11. Juni 1874. Von Landrichter **O. Meyer.** 1905. 2 M.

38. **Kreis- und Provinzial-Abgabengesetz.** Vom 23. April 1906. Von **Fr. Schmidt,** Gemeindevorsteher. 1906. 1 M. 25 Pf.

39. Gesetz betr. die **Unterhaltung der öff. Volksschulen.** Vom 28. Juli 1906. Von **Dr. A. Marcks,** Regierungsrat. 1906. 2 M.

40. Gesetz betr. das **Verwaltungsstrafverfahren** bei Zuwiderhandlungen gegen die Zollgesetze und die sonstigen Vorschriften über indirekte Reichs- und Landesabgaben, sowie die Bestimmungen über die Schlacht- und Wildpretsteuer vom 26. Juli 1897. Von **Dr. Richard Katzenstein,** Gerichtsassessor. 1907. 3 M. 60 Pf.

41. Die **preußischen Jagdpolizeigesetze.** Von **Fr. Kunze,** Wirkl. Geh. Oberregierungsrat und **R. Kühnemann,** Rechtsanwalt. Zweite gänzlich veränderte und verbesserte Auflage. 1908. 3 M. 60 Pf.

42. **Landesverwaltungsgesetz** mit dem Zuständigkeitsgesetze von Rechtsanwalt **Dr. Friedrichs** in Düsseldorf. 1908.

Guttentag'sche Sammlung von Text-Ausgaben mit Sachregister ohne Anmerkungen.

Taschenformat, elegant in Leinen gebunden.

Reichs-Justizgesetze:

Gerichtsverfassungsgesetz. Zivilprozeßordnung. Konkursordnung. Strafprozeßordnung.

2. Auflage. In einem Bande gebunden 3 M. 80 Pf.

Zivilprozeßordnung mit **Gerichtsverfassungsgesetz** und **Einführungsgesetzen** in den neuesten Fassungen. 2 M.

Konkursordnung mit **Einführungsgesetz.** 80 Pf.

Bürgerliches Gesetzbuch nebst **Einführungsgesetz.** Zehnter Abdruck. 2 M. 50 Pf.

Handelsgesetzbuch nebst **Einführungsgesetz** u. **Seerecht.** Siebenter Abdruck. 1 M. 80 Pf.

Ausführungsanweisung zur Gewerbeordnung vom 1. Mai 1904 nebst der preuß. technischen Anleitung. 2 M.

Militärstrafgerichtsordnung nebst **Einführungsgesetz** u. Ges., betr. Dienstvergehen der richterlichen Militärjustizbeamten u. unfreiwillige Versetzung derselben usw. **Militär-Strafgesetzbuch** *) mit Abdruck der entsprechenden Bestimmungen des Reichs-Strafgesetzbuchs. Zweite Auflage. 1 M. 50 Pf.

*) Ist auch einzeln zu haben. Preis 1 Mk.

Wechselordnung in der Fassung der Bekanntmachung v. 3. Juni 1908. Mit Anhang: **Wechselprozeß- und Ausführungsanweisung.** Text-Ausgabe mit Einleitung und Sachregister. 1908. 1 M.

Erbenhaftung und Nachlaßkonkurs im neuen Reichsrecht. Von Professor Dr. Ernst Jaeger. 1898. gr. 8°. (117 S.) 3 M.

Fluchtliniengesetz. — Das Gesetz, betreffend die **Anlegung** und **Veränderung** von Straßen und Plätzen in Städten und ländlichen Ortschaften vom 2. Juli 1875. Des Kommentars von weil. Oberverwaltungsgerichtsrat R. Friedrichs sechste, völlig neubearbeitete Auflage. Von Senatspräsident Dr. jur. Hugo von Strauß und Torney. 1908. Im Druck.

Die **freiwillige Gerichtsbarkeit** im Reiche und in Preußen. Ein Leitfaden von Dr. A. Nußbaum 1900. 8°. (268 S.) Geb. in Leinen 4 M.

Gewerberecht und **Arbeiterschutz.** Führer für Arbeitgeber und Arbeiter durch die Gewerbe- und Arbeiterschutzgesetze. Von G. Laurisch, Kgl. Gewerbeinspektor. 1901. 8°. (210 S.) Kart. 1 M. 80 Pf.

Die **Gläubigeranfechtung außerhalb des Konkurses.** Auf Grundlage des Gesetzes v. 21. Juli 1879. Von Prof. Dr. Ernst Jaeger. 1905. (356 S.) 9 M., geb. 10 M.

Die **Grundbuchordnung** nebst den preußischen Ausführungsbestimmungen mit Kommentar und systematischer Uebersicht über das materielle Grundbuchrecht. Von Reichsgerichtsrat Dr. Alex Achilles und Landrichter O. Strecker. 1901. Lex. 8°. (960 S.) 12 M., geb. in Halbfr. 14 M.

Die **Verfügungen in Grundbuchsachen.** Leitfaden für Grundbuchbeamte, Notare und Referendare. Von Amtsgerichtsrat Max Löwenherz. 1904. (115 S.) gr. 8°. 2 M., geb. in Leinen 2 M. 50 Pf.

Die **Haftpflicht der Beamten.** Nach Reichsrecht und dem Recht der deutschen Bundesstaaten unter Berücksichtigung der Haftpflicht des Staates (Gemeindeverbandes usw.). Von Landrichter Dr. H. Delius. 1901. 8°. (147 S.) Kart. 2 M.

Das Recht der Handlungsgehilfen und Handlungslehrlinge auf Grund des Handelsgesetzbuches, der Reichs-Gewerbeordnung, der Reichs-Versicherungsgesetze und des bürgerlichen Rechts dargestellt für Juristen und Kaufleute. Von Rechtsanwalt Hugo Horrwitz. 2. vollständig neubearbeitete Auflage. 1905. (203 S.) Geb. in Leinen 3 M.

Handelsgesetzbuch vom 10. Mai 1897 nebst Abdruck des Gesetzes über die Angelegenheiten der freiwilligen Gerichtsbarkeit und Gerichtsverfassungsgesetz (Titel 7, Kammern für Handelssachen). Zu praktischem Gebrauch dargestellt von Oberlandesgerichtsrat H. Könige. 1899. 8°. (410 S.) Geb. in Leinen 4 M. 50 Pf.

Das **Kommunalabgabengesetz** vom 14. Juli 1893. Für den praktischen Gebrauch mit einer geschichtlichen Einleitung und Erläuterungen versehen, sowie mit einem die Ausführungsanweisung berücksichtigenden Nachtrag. Kommentar von Oberbürgermeister Dr. Franz Adickes. 1894. 8°. (417 S.) Kart. 6 M.

Das **Absonderungsrecht im Konkurse** mit besonderer Berücksichtigung des preußischen und gemeinen Rechts, systematisch dargestellt von Oberlandesgerichtsrat Dr. Th. Wolff. 1892. gr. 8°. (542 S.) 10 M.

Konkursordnung mit Einführungsgesetz, Nebengesetzen und Ergänzungen in der Fassung des Gesetzes vom 17. Mai 1898. Kommentar von Oberlandesgerichtsrat Dr. Th. Wolff. 1900. gr. 8°. (555 S.) 11 M., geb. in Leinen 12 M.

Die Kurtaxe. Betrachtungen über ihre rechtliche Natur. Von Professor J. Kohler. 1902. gr. 8°. (52 S.) 1 M.

Das **Wohnungsmietrecht** nach dem Bürgerlichen Gesetzbuch. Zum praktischen Gebrauch für Juristen, Hausbesitzer und Mieter bearbeitet von Rechtsanwalt und Notar Th. Loomann. 1900. 8°. (144 S.) 2 M.

Der Raritätenbetrug. Von Dr. Hanns Gross, Universitäts-Professor. 1901. gr. 8°. (296 S.) 6 M.

Polizei und Publikum. Eine Darstellung der beiderseitigen Rechte und Pflichten an der Hand der grundlegenden Bestimmungen für die Ausübung der örtlichen allgemeinen Verwaltungspolizei in Preußen. Von Bürgermeister M. Koehne. 1897. 8°. (144 S.) Geb. in Leinen 2 M. 75 Pf.

Patentgesetz und Gesetz, betreffend den **Schutz von Gebrauchsmustern.** Von Justizrat Dr. A. Seligsohn. 2. Auflage. 1901. gr. 8°. (557 S.) 12 M., geb. in Leinen 13 M.

Die **Tätigkeit der Polizei in Strafsachen** auf Grund der Reichsjustizgesetze und des Preußischen Rechts für Polizeiverwalter und Polizeibeamte. Von Oberverwaltungsgerichtsrat St. Genzmer. 4. Auflage. 1900. 16°. (117 S.) Kart. 90 Pf.

Beschwerde und **Klage** sowie sonstige **Rechtsmittel** gegen polizeiliche Verfügungen und Zwangsmaßregeln. Gemeinverständlich dargestellt und durch Beispiele erläutert von Oberverwaltungsgerichtsrat B. von Kamptz. 1894. 12°. (93 S.) Kart. 1 M. 20 Pf.

Dienstunterricht für Polizei-Exekutiv-Beamte. 1. Teil. Strafgesetzgebung (Gerichtsverfassung, Strafprozeßordnung, Strafgesetzbuch). Von Polizeiinspektor J. Segger. 1900. 8°. (308 S.) Kart. 2 M.

Die Registratur. 2. Auflage. 1906. Von Hermann Kollrack, Kgl. Polizeisekretär am Berliner Polizeipräsidium. 8°. (84 S.) Kart. 1 M. 40 Pf.

Rechtsbrevier für deutsche Ehefrauen. 52 Merksprüche aus dem Bürgerl. Gesetzbuch mit Erläuterungen. Von Dr. jur. Emilie Kempin. 8°. (62 S.) Kart. 1 M.

Verwaltungs-Hygiene. Ein Handbuch der öffentlichen Gesundheitspflege für Verwaltungsbeamte. Von Dr. A. Pfeiffer. 1895. gr. 8°. (228 S.) 5 M., geb. in Leinen 6 M.

Handbuch des Vormundschaftsrechts. Unter Berücksichtigung der Ausführungsgesetze der deutschen Bundesstaaten. Von H. Schultetus, Landgerichtsrat in Rostock. 1899. 8°. (261 S.) 4 M., geb. in Leinen 4 M. 60 Pf.

Die Pflichten des Waisenrates. Ein praktischer Leitfaden für Waisenräte und Verwaltungsbeamte. Von F. Baum, Geh. Justizrat und Vormundschaftsrichter. Achte vermehrte und verbesserte Auflage. 1906. 8°. (46 S.) 60 Pf.

Wechselstempelsteuer und ihre Reform. Eine kritische Studie. Von Dr. jur. Eug. Jacobsohn. 1906. gr. 8°. (47 S.) 1 M.

Der Vormund, Gegenvormund, Pfleger u. Familienrat. Nach dem Bürgerlichen Gesetzbuch, dem Reichsgesetz über die Angelegenheiten der freiwilligen Gerichtsbarkeit und dem Ausführungsgesetz zum BGB. Ein praktischer Leitfaden. Von F. Baum, Geh. Justizrat und Vormundschaftsrichter. 1899. 8°. (64 S.) 50 Pf.

Gesetz zum **Schutz der Warenbezeichnungen** vom 12. Mai 1894, nebst Ausführungsbestimmungen. 2. Auflage, bearbeitet von Dr A. Seligsohn in Gemeinschaft mit Rechtsanwalt Martin Seligsohn. 1905. gr. 8°. (353 S.) 7 M., geb. 8 M.

Anleitung zur **Bildung öffentlicher Genossenschaften zur Ent- und Bewässerung** von Grundstücken für Zwecke der Landeskultur in den preuß. Provinzen nebst den in Betracht kommenden Gesetzen und Ministerialerlassen. Zugleich ein Handbuch des landwirtschaftlichen Wasserrechts für jedermann. Von Regierungsrat Dr. Bernh. Weddige. 1887. 8°. (300 S.) 4 M. 50 Pf.

Das **Wildschadengesetz.** Vom 11. Juli 1891. Kommentar von Dr. A. Holtgreven u. Dr. Th. Wolff. Vierte vermehrte und verbesserte Auflage. 1902. 8°. (224 S.) 4 M., geb. in Leinen 4 M. 50 Pf.

Belehrung über den Wucher. Ein Schutz gegen Schädigung mit Fingerzeigen für jedermann. Nach dem neuen Wuchergesetz bearbeitet von Carl Pfafferoth, Geh. Kanzleirat im Reichsjustizamt. 1893. 8°. (38 S.) 50 Pf.

Das **Reichsgesetz zur Bekämpfung des unlauteren Wettbewerbs** nebst den ergänzenden Bestimmungen des Bürgerlichen Gesetzbuchs. Kommentar von Justizrat Albert Pinner, 1903. gr. 8°. (189 S.) 5 M., geb. in Leinen 6 M.

Verfassung des Deutschen Reichs. Mit Einleitung und Kommentar. Dritte, stark vermehrte und verbesserte Auflage. Von Prof. Dr. A. Arndt. 1907. 8°. (436 S.) 4 M., geb. in Leinen 5 M.

Das **Preußische Versammlungs- und Vereinsrecht.** Systematisch dargestellt. Von Staatsanwaltschaftsrat Dr. Paul Caspar. 1894. 8°. (130 S.) 2 M.

Handbuch für Vereine bei Aufstellung, Beratung und Änderung der Vereinssatzung auf Grund der §§ 21—79 des Bürgerlichen Gesetzbuches. Mit erläuternden Anmerkungen, einer sachlichen Einleitung sowie einem Satzungsentwurf versehen von Paul Behrens. 1899. 8°. (57 S.) kart. 1 M.

Die **Rechtsverhältnisse der geschlossenen Gesellschaften und Vereine** nach preußischem Recht unter besonderer Berücksichtigung der Befugnisse der Polizeibehörden. Von Dr. H. Delius, Landrichter. 1902. 8°. (85 S.) kart. 1 M. 60 Pf.

Wie leitet man eine Versammlung? Geschäftlicher Handweiser für Vorsitzende. Von einem Mitgliede des deutschen Reichstages und des preußischen Abgeordnetenhauses. Zweite Auflage. 1908. 12°. (93 S.) kart. ca. 1 M.

Handbuch zum Verfahren der Zwangsversteigerung und Zwangsverwaltung nach dem Reichsgesetz v. 24. März 1897 (Fassung vom 20. Mai 1898). Ein Hilfsbuch für die Praxis und ein Lehrbuch für jüngere Juristen von Amtsgerichtsrat M. R. Samter. 1904. gr. 8°. (392 S.) 8 M. 50 Pf., geb. in Halbfr. 10 M.

Auf der Fahrt mit Landstreichern. Von J. Flynt. Aus dem Englischen. Uebersetzt von Lilli du Bois Reymond. 1904. 8°. (259 S.) 3 M.

Schlagwort-Register.

R. = Nummer der Sammlung Deutscher Reichsgesetze.
P. = Nummer der Sammlung Preußischer Gesetze.
S. = Seite.

FSC
www.fsc.org
MIX
Papier | Fördert
gute Waldnutzung
FSC® C083411

Kolibri 360 GmbH
Ferdinand-Jühlke-Straße 7
99095 Erfurt, Deutschland
produktsicherheit@kolibri360.de